Testimon

Lo que más me gusta del libro de Ross García es lo accesible que es. Ha escrito un viaje "para todas las personas" que resuena en todos los grupos demográficos. Desde la sala de juntas a las aulas, pasando por las aventuras del emprendedor en crecimiento, las lecciones y reflexiones que imparte son universales. Si realmente quieres cambiar tu vida, lee este libro.
— **David Richards**, autor internacional de bestsellers Whiskey & Yoga, Cartas de amor a la Virgen María (Love Letters to the Virgin Mary) y El guardián del faro (The Lighthouse Keeper).

Si verdaderamente estás listo para cambiar tu vida, debes leer este libro. Ross no solo ofrece motivación vacía o teoría abstracta, entrega un plan claro, paso a paso que cualquiera puede seguir. Su escritura es honesta, aterrizada y llena del tipo de perspectivas que vienen de la experiencia en la vida real. Lo que diferencia a este libro es lo práctico y aplicable que resulta. Ross desglosa las cosas de manera que el cambio parece posible, incluso si te has sentido estancado durante años.

Su historia personal es a la vez poderosa y cercana. Puedes sentir su pasión y autenticidad en cada capítulo, y te inspira a creer que la transformación es posible, porque él la ha vivido. Ya sea que busques ganar confianza en ti mismo, encontrar una dirección o cambiar por completo tu mentalidad, este libro te guiará con claridad y propósito. Un libro altamente recomendado para cualquiera que se tome en serio su crecimiento personal y que esté listo para dar pasos deliberados hacia una vida mejor.
— **Naise Silapa**, autora internacional de bestsellers El Ascenso Deliberado (The Deliberate Climb)

La historia de Ross García es tanto inspiradora como cercana, y su enfoque de las leyes universales las hace fáciles de entender. Este libro puede convertirse fácilmente en tu guía de referencia para el crecimiento personal y el éxito.
— **Judy O'Beirn,** presidenta y directora ejecutiva de Hasmark Publishing.

El SECRETO

DETRÁS *del*

SECRETO

Una verdad más profunda, un poder mayor

POR

ROSENDO GARCIA

Hasmark
PUBLISHING
INTERNATIONAL

DEDICATORIA

A Bob Proctor —

Tu sabiduría iluminó lo que muchos no podían ver. Revelaste no sólo el secreto, sino el poder que hay tras él. Este libro existe porque tu voz despertó la mía. Gracias por ser el guía que me condujo -a mí y a millones de personas- a la verdad interior.

Contenido

INTRODUCCIÓN

Hola a todos. Soy Ross García.
Quiero felicitarlos por sintonizar con la
información que presento en este libro. En el libro,
me baso en mis otros libros y les cuento parte de mi
historia y de mi experiencia, y también hablo de la Ley
de la Atracción y de las leyes universales. Gracias a
estos principios, he
podido apartarme de lo que la gente considera normal.

¿Y qué es lo normal? ¿Podría ser normal tener una
casa, una familia, un trabajo? Son cosas por las que la
gente se esfuerza. Sin embargo, mi objetivo en este libro
es cuestionar lo que creemos que es normal.

Durante mi viaje de cuestionamiento, descubrí que
no hay nada normal en vivir en este lugar que llamamos
Tierra. Los conceptos que comparto no tienen nada que
ver con el mundo físico, pero a través de ellos puedes
cambiar tu mundo físico cambiando tu forma de pensar.
Realmente es un lugar interno, que sólo puedes ver en tu
mente, algo que no es físico.

Esto es algo que me ha inspirado: escuchar y trabajar
con otras personas que llevan muchos años en este
sector. Las luchas y los retos por los que tuve que pasar

para entender eran alucinantes, pero todo es posible si sigues estudiando y creyendo en ti mismo. No dudes de esta información, ten un plan y sigue estudiando. Esto me funcionó en mi viaje.

He viajado, he creado empresas, he disuelto empresas, he vivido en distintos países, he trabajado con personas y he dejado ir personas. He conocido a muchos otros y también he aprendido de ellos. Les doy las gracias a ellos y a todos en este viaje. No ha sido fácil. Ha sido muy, muy difícil. Pero entender estos principios ha cambiado mi vida.

En un momento de mi vida, trabajé por el salario mínimo, a pesar de tener un título universitario. Me dijeron que tenía que quedarme en ese trabajo, y me resistí. Me atuve a lo que decían mis mentores, Napoleon Hill y Bob Proctor: Conoce lo que quieres, escríbelo, ten un plan de acción y ve por ello.

Durante mi viaje, he deseado muchas cosas. He tenido un deseo, lo he cumplido, y luego he tenido otro deseo y también lo he cumplido. Una cosa que me propuse fue crear algo de la nada. ¿Qué significa eso? Significa que esperaba ganar millones de dólares mientras estaba arruinado. Mediante los principios de los que hablo en este libro, pude atraer la cantidad de dinero que deseaba en un momento concreto de mi vida. Tú puedes hacer lo mismo.

Me gusta lo que dice Napoleon Hill Hay una diferencia entre desear una cosa y estar preparado para recibirla. La cuestión es: ¿estás preparado? ¿Hasta dónde estás dispuesto a llegar? ¿Estás dispuesto a arriesgarlo todo para llegar al resultado que deseas? Yo lo hice, y tú también puedes. Cree en ti mismo.

Recuerda que este material y esta información están aquí para ti y te ayudarán a dar un salto cualitativo en tu vida. Confía en el proceso y asegúrate de que cuando llegues a la meta deseada, tengas nuevas metas. La repetición es la clave. Y créeme cuando te digo que yo he pasado por eso.

Por último, recuerda que éste es sólo uno de los muchos caminos que te conducirán al secreto detrás del secreto.

Gracias.

CAPÍTULO 1

LOS PRIMEROS AÑOS

M e gustaría compartir contigo un poco de mi historia personal, incluyendo parte de mi vida temprana y mi camino hacia la comprensión de las leyes universales del éxito.

Crecí en Houston, Texas. Vivíamos en una casa esquinera detrás de un depósito de agua en Houston Heights. Mi padre era especialista en hormigón, lo vertía, un proceso también conocido como vertido de hormigón. Mi padre trabajaba duro; su trabajo era su vida. Viajaba a Atlanta, y luego a Chicago, por trabajo. Tras unas semanas fuera, volvía a Houston. Cuando era pequeño, mi padre vertía hormigón en casa de una señora. Treinta años después, mi padre y yo volvimos a esa casa y descubrimos que la misma mujer seguía viviendo allí, y pasamos a saludarla. Recuerdo que aquel día llovía. Miré el camino de entrada que había tendido hacía tantos años. Seguía perfecto, sin ninguna grieta. "Hice esta entrada cuando eras joven, hace 30 años", dijo papá. Después de un momento, añadió: "Vaya, hice un buen trabajo".

"Wow papá, sí que lo has hecho", contesté.

De niño, nunca estaba en un solo sitio. Iba a la tienda 7-11 para jugar a los Cuatro Fantásticos. Recuerdo que iba a menudo. También pasaba mucho tiempo paseando. De niño iba andando a todas partes y siempre estaba en la calle. Aprendí a tener cuidado en la calle.

También me gustaba trepar a los árboles y hacer otras actividades peligrosas. Por ejemplo, bajaba en bici por la calle hasta un descampado, y allí saltaba con la bici por un acantilado.

Me peleaba con otros niños y tenía cortes en la cara y en la cabeza. Estaba orgulloso porque podía aguantar los golpes. Día tras día, elección tras elección, me convertí en un niño de la calle, porque no comprendía la importancia de tomar las decisiones correctas en cada paso de mi vida.

Me encantaba ver a Bruce Lee, el mejor artista marcial que ha existido. No sabía mucho sobre su filosofía de vida y espiritualidad; sólo sabía que era un luchador increíble. También me encantaba ver a Superman; sus poderes me fascinaban. En mi imaginación, me parecía que era real. Para mí, Superman era real.

Incluso en la escuela, vivía en mi imaginación. En clase, los profesores me decían a menudo que me despertara y dejara de soñar despierto.

Piensa un momento en ti. Ahora mismo estás en una especie de "escuela" mientras lees esto.

¡Despierta, estés donde estés! Necesitas volver a tus sentidos, igual que yo lo necesité en el aula.

Mi primo Goyo también era de Houston. Recuerdo cuando él y su madre nos llevaban a la estación de autobuses Greyhound. Mi padre solía estar fuera y mi madre tenía que cuidar de mí y de mi hermana.

Por aquel entonces, mi hermano pequeño acababa de nacer. Salíamos de Houston en un Greyhound.

Goyo se quitó el reloj y dijo: "Mira, Ross. Eres mi primo pequeño y quiero regalarte mi reloj". Era un reloj Casio blanco que brillaba. Me gustaba el reloj porque cuando pulsabas el botón, la pantalla brillaba en un color verde intenso. Brillaba por la noche. Me pareció genial porque nunca había tenido nada parecido. Ahora que lo pienso, nunca nadie me había comprado cosas.

Aún recuerdo a Goyo diciendo que me iba a echar de menos y dándome su reloj. Y yo le pregunté: "¿Por qué me das tu reloj?".

"Eres mi primo. Te quiero", respondió, poniéndome el reloj en la mano.

Subí al autobús y me dormí. Me desperté y vi nieve. Nos habíamos trasladado de Houston a Chicago.

Así que me encontré en Chicago siendo sólo un niño. Tenía unos siete u ocho años, y para mí Chicago era un mundo completamente distinto. Por un lado, nunca había visto la nieve. No estaba acostumbrado al frío, pero me gustaba. Disfrutaba jugando en la nieve.

Mi tía Sylvia a veces nos llevaba al cine a ver películas como La Bella y la Bestia, Made in America y La Sirenita: todas las películas de Disney. Cuando íbamos al cine, era como volver a la escuela. Me perdía en mi imaginación, soñando que hacía karate, daba patadas voladoras, hacía splits y saltaba de los árboles.

Pasaron los años y fui al instituto, donde me enfrenté a los problemas de la adolescencia y me junté con la gente equivocada.

Mi madre se quedaba en casa para cuidar de nosotros y de mi padre, mientras que mi padre trabajaba duro todos los veranos durante largas jornadas. Tenía unos dos meses de vacaciones durante la temporada baja, y durante este tiempo, visitábamos a su familia. Conducíamos hasta Houston para visitar al hermano de papá, y luego seguíamos hasta México, al rancho de su padre.

El padre de mi padre había fallecido, pero la familia seguía conservando el rancho. Mi abuelo había sido agricultor e ingeniero agrónomo. No tenía que viajar mucho porque vivía de su granja y su rancho. Tanto a él como a mi padre les encantaban los caballos, y habían tenido algunos en el rancho. También había tenido vacas lecheras y abastecía de leche al pueblo cercano, justo al otro lado del río Grande, en un pueblo llamado Comales Tamaulipas, cerca de la frontera con Texas.

Mi padre volvía a sus raíces todos los años para ver a sus hermanas y cuñados. A veces, mientras estábamos de visita, hacían una cena especial y mataban un cabrito, una tradición para ellos. No me gustaba ver esa parte.

A la familia de mi padre también le encantaba beber y las reuniones sociales. Comían, bebían, se divertían y bailaban. Ya fuera una fiesta u otro acontecimiento social, mi padre festejaba y bailaba con su familia. Y en su mayor parte, eran felices.

Por supuesto, tenían sus buenos y sus malos momentos. A veces mis padres se enfadaban entre ellos, o mi madre intentaba que mi padre me castigara. Pero mi padre nunca fue una persona violenta.

Una vez, en quinto curso, me detuvieron. Uno de mis amigos tiró una piedra al autobús escolar, y me detuvieron porque había estado ahí también.

Recuerdo que era un día de nieve y los niños estábamos lanzando bolas de nieve. Algunos padres estaban en el autobús escolar, y uno de mis amigos decidió lanzar una gran piedra en vez de una bola de nieve. Le dio a una señora en la cara. La piedra le dañó el ojo. Debió de ser muy grave. Me consideraron cómplice. Al día siguiente en la escuela, la gente que estaba allí señaló a mi amigo y dijo que eran él y "su amigo". El amigo era yo. No recuerdo exactamente lo que pasó después, pero nos detuvieron a los dos.

Esa fue la única vez que mi madre se enfadó de verdad conmigo. Me castigó y le contó a mi padre la detención cuando llegó a casa de trabajar en la construcción. Esperaba que él también me castigara, diciéndole: "Quiero que le pegues porque no me hace caso. Hoy he tenido que sacarlo de la comisaría. Le han detenido. Han detenido a tu hijo y necesito que hagas algo al respecto".

Mi padre se limitó a mirarme con una profunda expresión de decepción en el rostro. No dijo nada; su expresión lo decía todo: me has defraudado. Me eché a llorar. Aquel día me demostró lo poderosa que puede ser una mirada comparada con el físico. No creo en pegar a los niños, pero mi madre era todo lo contrario. Tenía muy mal genio. Cuando se enfadaba, cogía cualquier cosa que tuviera cerca y me pegaba con ella. Pero esa no era la solución. Mi padre, sin embargo, era un tipo muy tranquilo. Esta vez, se limitó a mirarme y a sacudir la cabeza como si pensara: "Estoy decepcionado de ti. Me has defraudado. Cuando vi esa mirada, lloré y lloré.

Después de eso, empecé a comportarme mejor en la escuela. Pensé que tenía que empezar a hacer lo correcto. Sabía que mi amigo había tomado la decisión equivocada al lanzar una piedra. Pero yo también había tomado una decisión equivocada. Tenía los amigos equivocados. Ésa fue mi elección, y pagué el precio.

Pasaron unos años y tomé algunas decisiones buenas y otras malas. Me dejé influir por personas que creía que eran mis amigos.

Con el tiempo, empecé a salir con pandilleros. Algunos de mis amigos incluso murieron por disparos y drogas. Uno de ellos era Joseph, Joseph Hernández. Conocí a Joseph en octavo curso. Era un chico alto. Su padre era herrero y sus padres estaban divorciados.

Cuando Joseph murió en 2015, sólo tenía unos 30 años. Su padre vino a verme donde yo trabajaba en un banco y me preguntó si había hablado con su hijo, y le dije que no.

No quise contarle lo que había pasado realmente, que le había prestado mi coche a Joseph para que hiciera una inspección en el Estado de Illinois, y él acabó por no devolverlo y lo había vendido en la calle por droga. Eso es lo que yo había oído. Más tarde, vi a Joseph y le dije: "¿Qué has hecho? ¿Por qué me has hecho esto? ¿Por qué? ¿Por qué vendiste mi coche? Sabes que me lo han desvalijado". Joseph se volvió loco. Empezó a lanzarme gestos de pandilla y a gritar "que te jodan" y esto y lo otro.

Cuando le conocí en octavo curso, no era la misma persona en la que acabó convirtiéndose. Había sido un chico normal, y siempre salíamos juntos. Sus padres aún estaban juntos. Pero empezó a salir con cierta persona que le influyó negativamente, y me influyó a mí en el proceso. Decía cosas como: "Oye, salgamos a fumar hierba".

Me dejé influenciar por él de mala manera y le seguí la corriente. Nuestras conversaciones se volvieron negativas. No nos gustaba esto o aquello. No nos gustaban otras bandas. Estábamos en un mal ambiente, es todo lo que puedo decir.

Joseph murió demasiado joven. No sé qué drogas tomaba Joseph, ni cómo murió, ni cuál era la situación. Pero murió con cuatro hijos. Sí, cuatro hijos. Wow.

Es una buena advertencia para incluir aquí: Aprende de tus errores. Mejor aún, aprende de los errores de los demás para no tener que aprender por las malas.

Recuerdo que cuando tenía 15 años, mi padre me dijo que iba a tener que irme a Houston a vivir con mi tío, porque allí en Chicago no era seguro para mí. No creía que llegara a los 20 años. En aquella época, mataron a tiros al rapero Tupac en Las Vegas, y poco después mataron a Biggie Smalls. Los dos grandes raperos tenían entre sí lo que se llama "beef": se odiaban.

Tras su muerte, todo el asunto de las bandas también se calmó. Sentí como si Estados Unidos tuviera un momento de paz. Un rapero era de la Costa Este y el otro de la Costa Oeste. Había sido una batalla Costa Este-Costa Oeste. Lo mismo ocurría en Chicago. Podías estar en el Sur, y podía haber una banda en el Norte, y esa banda podía matarte. Entonces tus padres tendrían que enterrarte.

Podría haber sido víctima de la violencia de las bandas, pero lo superé. Salí de esa situación.

Pasaron unos años y me puse en un camino mejor. Tuve varios trabajos diferentes, empezando por conducir un camión de reparto y más tarde vendiendo teléfonos móviles, y finalmente trabajando en el Chase Bank. Trabajé duro en todos los empleos que tuve porque quería mejorar y ganar más dinero.

Pero durante este tiempo, también me desvié del camino. Empecé a ir de fiesta a clubes nocturnos y a beber; a beber y a conducir, lo que me llevó a una detención por conducir bajo los efectos del alcohol. Perdí mi trabajo en el banco por ello.

Cuando perdí mi trabajo en el banco, importé vino de Italia con mi amigo Stefano. También empecé a ver vídeos de Napoleon Hill en YouTube, y me interesé más por lo que Hill enseñaba. Luego descubrí a Bob Proctor y empecé a estudiar las leyes del éxito.

Napoleón Hill contó cómo conoció a Andrew Carnegie, el hombre más rico del mundo en aquella época. A partir de ahí, conoció a Thomas Edison y a Henry Ford. Ellos compartieron con él los secretos del éxito. Me enteré de todos los fracasos por los que pasó Thomas Edison para crear la bombilla incandescente.

Leí la historia del hijo de Napoleón Hill, que fue proclamado sordo y mudo cuando nació. Hill siempre le dijo al niño que podía oír. Nunca le dijo que tuviera un problema. Aunque los profesores decían que su hijo tenía un problema, Hill se negaba a creerlo. Con el tiempo, su hijo pudo oír.

Lo comprendí. Empecé a asimilar las lecciones de Hill y escribí mis objetivos, tal y como él me dijo que hiciera. Escribí que iba a crear esta empresa. Unos meses más tarde, ocurrió de verdad. Mis pensamientos se hicieron realidad.

Fue entonces cuando di lo que se conoce como un salto cuántico. Un salto cuántico ocurre cuando te das cuenta de que cualquier cosa que escribas -incluso si parece mentira porque no ha sucedido aún—debes creerlo en lo más profundo de tu corazón. Si lo crees y creas un plan para hacerlo realidad, y si crees totalmente que es verdad, lo que has escrito se convertirá en tu realidad.

Coge una hoja en blanco y escribe lo que realmente quieres en la vida. Fíjate un objetivo y escríbelo. Cuando escribes lo que realmente quieres llegar a ser, das energía a ese pensamiento. Cuando lo escribes, estás poniendo algo positivo en el mundo. La energía creativa del universo empieza a hacerlo real.

En uno de mis primeros diarios, había escrito sobre mi padre. Escribí que estaba en mi casa, pasando el rato con mi padre. Pero me había dado cuenta de que estaba deprimido por algo. Estaba bebiendo. Cada vez que le veía, estaba bebiendo y bebiendo.

Mi padre había trabajado en la construcción, en el clima frío y ventoso de Chicago, y se jubiló a principios de sus cincuenta. Cuando le pregunté por qué se había jubilado, me dijo: "Sabes, llevo mucho tiempo en el frío. Tengo mi pensión. Así que, si mantengo un tipo de vida normal, con mi pensión y eventualmente mi seguridad social, estaré bien".

Pero estar bien no ayuda mucho cuando te dices estas cosas a ti mismo. Entendía de dónde venía, en Chicago hacía mucho frío en invierno y mi padre estaba ahí fuera, en la nieve, construyendo edificios con la empresa para la que trabajaba, vertiendo hormigón. ¿Qué hacía cuando hacía mucho frío? Se quedaba en casa y bebía. Se quedaba en casa viendo las noticias.

Sabía que iba a vivir una vida diferente a la de mi padre. Y sabía algo más, en lo más profundo de mi corazón: Iba a ser rico.

CAPÍTULO 1 PREGUNTAS DE ESTUDIO

1. ¿Cómo ha evolucionado tu comprensión de la Ley de la Atracción desde que la conociste?

_____

_____

_____

_____

2. ¿Cuáles son algunas experiencias clave de tus primeros años que moldearon tu creencia en la Ley de la Atracción?

_____

_____

_____

_____

3. ¿Has notado diferencias en cómo funciona para ti la Ley de la Atracción en comparación con quienes la descubren más tarde en la vida?

_____

_____

_____

_____

4. ¿Qué consejo darías a alguien que quiere enseñar la Ley de la Atracción a los niños de un modo que resulte natural y eficaz?

_____

_____

_____

_____

REGRESO AL PASADO

En 2017, dirigía mi negocio de ejecuciones hipotecarias en Chicago. Trataba con muchos clientes, reestructurando hipotecas. En aquel momento, trabajábamos en expedientes para ayudar a la gente a salvar sus casas. Mi oficina estaba en la calle 26 con California, en la zona sur de Chicago. En aquella época, tenía 15 empleados, entre ellos un asistente ejecutivo, un gerente y una recepcionista que cobraba el dinero de nuestros clientes. Todos los días salía en la radio, en emisoras locales inglesas y españolas de Chicago, para anunciar y promocionar mi negocio.

Pero no era feliz. Sentía que había superado ese puesto. El negocio se me quedaba pequeño. Quería trabajar menos y ganar más. Busqué una forma de ganar dinero mientras dormía, como diría mi mentor Bob Proctor.

Fue por aquel entonces cuando empecé a interesarme por Bit- coin. Recuerdo haber tenido en mis manos el libro blanco (white paper) de Satoshi Nakamoto en 2011. Empecé a explorar esto del Bitcoin porque no entendía del todo qué era la tecnología blockchain, y cuando aprendí, me di cuenta de que había algo ahí.

Hubo momentos en los que mi negocio no iba bien porque me tomaba los contratiempos como algo personal. Vinculaba mi negocio a mi vida personal y me sentía frustrado porque quería alcanzar un determinado número de clientes cada mes y ganar más dinero, pero no lo conseguía. Culpé a la economía, pensando que no podía ser culpa mía. Los tipos de interés habían empezado a subir y la economía empezó a mejorar porque Donald Trump estaba en el poder. Pero no mejoraba para mí.

Quería empezar una nueva aventura, quería viajar por el mundo, quería crear algo de la nada.

Había estudiado la Ley de la Atracción. Entendía de lo que hablaba Bob Proctor, e intentaba encontrar un enfoque lógico. Así que decidí aprender más sobre Bitcoin. Investigué e hice algunos números y me di cuenta de que si alguien hubiera invertido 10.000 dólares en Bitcoin durante 10 años, ¡podría tener más de 100 millones de dólares!

Los números me intrigaban. Siempre quise trabajar con grandes cifras, aunque entonces no tenía tanto dinero. Lo máximo que había ganado hasta entonces eran 1,75 millones de dólares, que atraje a mi vida en 2017 tras empezar a trabajar con la empresa de Bob Proctor.

Así que escribí que iba a ganar 20 millones de dólares. Lo anoté en una pequeña tarjeta de objetivos en blanco. Escribí 20 millones de dólares y la guardé en mi cartera. La sacaba y la miraba todo el tiempo, repitiéndome: "Soy multimillonario, soy multimillonario", una y otra vez, día tras día.

Al cabo de unos días, empecé a idear formas de ganar 20 millones de dólares, convirtiendo mi sueño en enfoques lógicos para la fijación de objetivos. Pensamos de dos formas: lógicamente y en fantasía.

Buscaba un enfoque lógico para alcanzar este objetivo

financiero, pero me di cuenta de que tenía que empezar a pensar en términos de fantasía. Necesitaba pensar como creador de lo que quería atraer a mi vida. Me di cuenta de que había estado pensando desde una mentalidad de carencia, centrándome en lo que no tenía, en lugar de hacerlo desde una mentalidad de abundancia y de lo que era posible para mí.

Nada es imposible.

Sentado en mi casa de Chicago, empecé a tener ideas y a escribirlas. Luego investigué más en YouTube. Me dije a mí mismo que esto podría funcionar, ¡esto podría funcionar!

Compré una moneda que me reportó una ganancia del 1.000.000% prácticamente de la noche a la mañana, y todo el mundo en la comunidad de criptomonedas hablaba de ella. Se llamaba PacCoin. Había invertido 50.000 dólares en esta moneda porque me iba bien con el negocio de la modificación de préstamos. Invertí y subió de la noche a la mañana. Todo el mundo estaba emocionado, ¡todo el mundo estaba entusiasmado!

Al día siguiente, se colapsó. El valor de mis monedas cayó en picado e intenté retirar mi dinero, pero no pude. Después de eso, me di cuenta de que había potencial en este campo de las criptomonedas.

Poco a poco, empecé a cerrar la empresa hipotecaria, aceptando cada vez menos clientes. Pensé que podría reducir mi carga de clientes y seguir reduciéndola más adelante. E hice precisamente eso. Empecé a tener menos clientes. Todo dependía de mi mentalidad.

Aunque me gustaba la zona sur de Chicago, ya no quería vivir allí. Quería huir del frío y viajar por el mundo. Aún tenía tres propiedades a mi nombre que no valían gran cosa. Pensé que si podía vender una de esas propiedades, podría invertir el dinero en criptomonedas.

Era una apuesta arriesgada, pero existía la posibilidad de ganar mucho dinero.

Ese día, tomé una decisión. Decidí ir a California. Tenía un amigo llamado Roberto que vivía allí. Me dijo que debía ir y que me gustaría. Así que me mudé.

También empecé a hacer algo realmente diferente. Empecé a leer libros, y leí *La ciencia de hacerse rico*, de Wallace Wattles. En el libro habla de la inteligencia infinita del universo. Escribe que "hay una materia pensante que impregna, penetra y llena los espacios intermedios del universo. Un pensamiento impreso sobre esta materia produce la cosa imaginada por el pensamiento".

Ahora bien, sé que mucha gente que lea esto puede tener algunas preguntas:

- ¿Cómo cambias tu forma de pensar?

- ¿Cómo puedes atraer la abundancia a tu vida?

Bueno, todo el mundo está programado de forma un poco diferente. Yo buscaba un enfoque lógico para atraer varios millones de dólares. Me di cuenta de que tenía que encontrar una forma lógica, pero también necesitaba aumentar la cifra.

Sólo llevaba un par de semanas en California cuando encontré un apartamento en West Hollywood. La verdad es que era caro comparado con lo que estaba acostumbrado en Chicago, pero acabé consiguiendo ese apartamento por 1.800 dólares al mes. Había vendido una de mis propiedades en Chicago y sólo me quedaba 28.000 dólares cuando me fui a California.

Durante un tiempo, no tuve dónde vivir.

Pero algo más estaba ocurriendo debido a mi visualización de la abundancia. Algo que nunca habría imaginado: La inteligencia infinita estaba conspirando para hacer realidad mi sueño, ¡tal como Wallace Wattles había escrito allá por el año 1910!

Te contaré todos los detalles de cómo se desarrollaron las cosas en el Capítulo 5.

El camino hacia tu meta nunca es una línea recta. Pero si crees que puede ocurrir, ¡ocurrirá!

CAPÍTULO 2 PREGUNTAS DE ESTUDIO

1. ¿Cómo se ve el éxito para ti y cómo utilizas la Ley de la Atracción para alinearte con él?

    _____

    _____

2. ¿Qué hábitos diarios o cambios de mentalidad has adoptado para atraer el éxito?

    _____

    _____

3. ¿Cómo sorteas los contratiempos u obstáculos mientras te mantienes alineado con el resultado deseado?

    _____

    _____

4. ¿Qué manifestaciones concretas has conseguido ya, y qué has aprendido del proceso?

    _____

    _____

VIVIR FUERA DE TU ZONA DE CONFORT

Todo el mundo quiere estar cómodo. Todo el mundo quiere sentirse seguro. Nadie quiere preocuparse ni estresarse por pagar sus facturas. Así que se conforman con menos; consiguen un trabajo de 9 a 5. Trabajan por 30 años, para jubilarse y cobrar una pensión.

Sabía que no quería hacer eso. Al haber sido independiente y haber creado cosas en mi vida, sabía que la Ley de la Atracción funciona.

¿Qué hice? Me apunté a la empresa de Bob Proctor y fui a Toronto para aprender de él y verle hablar en el escenario. Eso fue en 2017, 2018y 2019.

En 2019 vivía en California y había cerrado mi negocio en Chicago. Me había ido a California porque quería viajar. Quería ver mundo y conocer lugares diferentes.

Antes de esto, había comprado un libro grande con *Londres* en la portada. Disfruté mirando las fotos en color. Cuando vi el Palacio de Buckingham, me pregunté: *"¿Cómo puedo ir allí si no tengo dinero?*

Recuerdo que también vi el Palacio Real de Madrid. Admiré todas las estatuas y pinturas de los reyes y reinas. Pensé: "¿Cómo voy a visitar Madrid si no tengo dinero? Ni siquiera tengo trabajo.

Eso fue en 2010. Pasó el tiempo. Años, de hecho. Pero yo había plantado esas semillas en mi subconsciente.

Quería salir de mi zona de confort. Siempre buscaba lo que llaman la "*barrera del terror*", algo que me asustara. Incluso me planteé saltar de un avión. Entonces, ¿qué hice? Me fui a California.

Después de vivir un tiempo en California, conocí a alguien relacionado con la empresa de Bob que me dijo que podía ir a Suiza. Así que me fui a Suiza y, desde allí, acabé en Milán. En enero de 2020, cogí un vuelo a Zúrich y me quedé una semana. Cogí un tren a Italia y conocí ese hermoso país antes de volver a California. Me di cuenta de que el mundo está al alcance de tu mano, que está a tu alcance. Sólo tienes que perseguirlo.

Poco después de llegar a California, el coronavirus se propagó como una tormenta. Se dijo a la gente que se quedara en casa. Nos advirtieron que si salíamos, podríamos enfermar y morir, y que teníamos que vacunarnos. Nos invadió una oleada de miedo.

Vivía en California, pero entonces estaba enfermo y tomaba medicación. Al final, decidí dejar mi apartamento porque sentía que estaba en California para aprender una lección. ¿Y cuál era esa lección? Permíteme citar a Wallace Wattles: "Hay una materia pensante de la que están hechas todas las cosas. Un pensamiento impreso sobre esta materia produce la cosa imaginada por el pensamiento".

¿Qué significa eso? Significa que puedes crear lo que quieras a través de tu mente subconsciente, a través del éter. El éter es lo que Wattles llamaba la "materia pensante".

Puedes crear dinero. Hay tres formas de ganar dinero. El primer nivel, que practica el 96% de la gente, es intercambiar tiempo por dinero trabajando en un empleo por un sueldo o salario. El segundo nivel, que practica el 3% de la gente, es intercambiar dinero por dinero y utilizar las inversiones para generar más dinero. El tercer nivel, que sólo practica el 1% de las personas, es intercambiar ideas por dinero

Siempre quise entrar en el mundo de la fantasía. Quería quedarme allí porque, en la realidad de los cinco sentidos, no tenía fantasía. Estar conectado con la gente a través de la empresa de Bob me permitía viajar y explorar el mundo. Así que hice precisamente eso.

Tras regresar de Zúrich, volví a Chicago. Ya no quería vivir en California. Estaba cansado de estar allí. Como dije, sentía que estaba en California para aprender una lección, y ya la había aprendido, así que era hora de marcharme. No quería gastar más de mis criptoganancias. Para entonces, ya había invertido en la moneda, así que no quería gastar más dinero en ella.

Cuando llegué a Chicago, seguía enfermo. Acabé en el hospital, me dieron más medicación y por fin mejoré. Veía las noticias todos los días en casa, con el frío de febrero, y veía que la gente tenía miedo de salir de casa.

Entonces, ¿qué hice? Me dije a mí mismo: Me voy a México. ¡Y eso es exactamente lo que hice! No quería estar en el frío clima de Chicago, quería estar al aire libre. Recordé que mi madre tenía una casa en México y tomé una decisión.

Viajé a casa de mi madre en el norte de México, cerca de Texas, de donde es mi familia. No estaba solo; acabé llevando a un amigo llamado Ryan, que me había ayudado durante mi viaje por las criptomonedas. Había conocido a Ryan a través de YouTube. Cuando decidí ir, le llamé y le pregunté si quería acompañarme. Le sugerí que visitara Monterrey, una ciudad de la región. Estuvo de acuerdo, así que nos fuimos a México con mi tío y el hermano de mi madre.

Todos pasábamos el rato allí. Acabé comprando una piscina, y pasamos mucho tiempo sentados alrededor de la piscina con nuestros portátiles, mirando nuestras criptodivisas. Yo me emocionaba y decía: "Este token va a llegar a un dólar, este token va a llegar a un dólar". Unos años más tarde, subió a 0,57 dólares. Así que estaba a medio camino. Pero sólo había pagado 0,003 dólares por moneda, así que había subido un 10.000%.

Estaba en la barrera del terror. Es cuando sentimos que no queremos saltar del avión. Sentimos que no queremos pasar al siguiente nivel. Nos asustamos y no nos abrimos a las posibilidades.

Me había abierto a la posibilidad de ir a Europa, y me lo pasé muy bien allí antes de volver a California. Pero me di cuenta de que California no era el ambiente adecuado para mí. Así que fui contra el bloqueo y las restricciones de viaje para volver a Chicago y marcharme a México.

Cuando los demás no viajaban, yo empecé a viajar. Y me gustó.

Había conocido a otra persona a través de Facebook que me preguntó si había estado alguna vez en el Reino Unido. Me pareció intrigante porque no conocía a nadie del Reino Unido. Al mes de ir a México, estaba de vuelta en Chicago, ¡hablando con esta persona del Reino Unido que conocí en México! Y al mes de volver a Chicago, me dijo: "¡Ven al Reino Unido!".

Pensé: "¿Sabes qué? Voy a comprobarlo. Nunca he estado en el Reino Unido. Pero no tenía dinero para el vuelo. Había invertido todo mi dinero en criptomonedas. Así que estaba en Chicago, preguntándome cómo iba a llegar al Reino Unido.

Decidí hablar con mi padre. Le pedí que me prestara 1.000 dólares para el vuelo. En aquel momento, mis padres seguían pasando apuros, y me dijeron que no tenían dinero, pero me sugirieron que le pidiera a uno de sus inquilinos que me prestara el dinero. Así que se lo pedí al inquilino de mi padre y me dijo: "Sí, ahora mismo estoy trabajando y puedo prestarte 1.000 dólares. ¿Necesitas 2.000 dólares?"

Le dije: "Mira, préstame 1.500 dólares y te los devolveré en unos meses". Aceptó y me prestó el dinero.

Reservé un vuelo de ida y vuelta al Reino Unido. Me dije que lo comprobaría y luego volvería. Era como estar al borde de un precipicio. No sabes si vas a saltar o a quedarte, pero estás dispuesto a saltar. Mi vida se sentía así.

Llegados a este punto, estaba listo para saltar de un avión porque me sentía emocionado, como si estuviera en una montaña rusa. ¡Era divertido!

Fui al Reino Unido y fue como estar en otro mundo. Estaba acostumbrado a vivir en Chicago, donde había estado la mayor parte de mi vida, viendo Norteamérica y México como lugares que ya había experimentado. Pero ir al Reino Unido realmente me abrió los ojos. Fue allí donde empecé a conectar más con mis visiones y las cosas que estaba a punto de manifestar, habiendo escrito mi objetivo de ganar 50 millones de dólares en criptodivisas.

Cuando llegué, no sabía cómo coger el tren ni cómo moverme por la ciudad. Y también necesitaba conseguir un teléfono móvil. Tenía un amigo de Chicago llamado Ozzy que vivía en el Reino Unido. Se ofreció a ayudarme.

La chica a la que iba a visitar vivía en Colchester. Cuando llegué allí, ella acabó marchándose de la ciudad durante unas emanas, pensando que yo también me iría. Me dijo que se alegraba de haberme conocido y que había aprendido mucho de mí. Cuando se marchó, Ozzy me sugirió que me quedara en el Reino Unido. "Eres mi único amigo de Chicago", me dijo. También me dijo que podía ayudarme a encontrar un lugar donde vivir.

Ozzy siempre me había dicho que iba a vivir en Londres. Y lo consiguió por sí mismo. Por aquel entonces trabajaba en el sector inmobiliario, y encontró un apartamento en el que viví desde julio hasta noviembre de ese año.

Durante ese tiempo, empecé a orientar a la gente y a ayudarles a aplicar la Ley de la Atracción. Ayudaba a la gente que no entendía el material, ayudándoles a alcanzar el siguiente nivel. Me sentía muy bien sabiendo que podía ayudar a los demás.

La primera chica que me invitó acabó convirtiéndose en mi amiga. Yo no entendía dónde estaba mental y físicamente porque en realidad nunca salimos formalmente, lo que hacía que las cosas fueran incómodas. Trabajaba con gente con la que yo trabajaba y teníamos que ocultar nuestra relación a los demás en la empresa porque no queríamos que nadie supiera que estábamos juntos. Esto me resultaba extraño y hacía que nuestra relación no fuera sana.

Me había salido de la norma; me trasladé al Reino Unido. La pregunta es: ¿qué estás dispuesto a hacer para salir de lo que es normal en tu vida?

Recuerda que tenemos dos formas de pensar: lógicamente y en fantasías. Entonces, ¿quieres pensar lógicamente o quieres pensar en términos de fantasía? Es tu elección y sólo tuya. Piensa en ello.

CAPÍTULO 3 PREGUNTAS DE ESTUDIO

1. ¿Cómo utilizas la Ley de la Atracción para superar el miedo y dar pasos audaces fuera de tu zona de confort?

   _____

   _____

2. ¿Qué creencias limitantes te han frenado, y cómo las has reprogramado para atraer nuevas oportunidades?

   _____

   _____

3. ¿Cómo equilibras la confianza en el universo con la acción inspirada más allá de tu zona de confort?

   _____

   _____

4. ¿Puedes compartir alguna ocasión en la que salir de tu zona de confort te haya llevado a una manifestación poderosa?

   _____

   _____

CREE EN TUS CREENCIAS

---

*Cree en tu creencia, y tu creencia
creará literalmente el hecho.*

– William James,
padre de la psicología
americana

¿En qué crees?

¿Crees que tu imaginación, las cosas en las que piensas, pueden convertirse en una realidad física? Pueden. Créetelo.

¿Crees que puedes hacerte millonario? Sí que puedes. Créetelo.

¿Crees que puedes viajar por el mundo como yo lo hice? Tú puedes. Créetelo.

¿Crees que puedes tener una abundancia inmensa en tu vida? Tú puedes. Créetelo.

Durante muchos años de mi vida, pensé que no era abundante y que no podía tener abundancia. Me llevó mucho tiempo remodelar el espíritu de la pobreza, el espíritu del hambre, como diría mi mentor Napoleon Hill. La razón por la que llamo a Napoleon Hill mi mentor es porque le escuchaba mucho, y sus viejas grabaciones ayudaron a dar forma a mi pensamiento.

Este libro y los demás que escribo no tratan de lo que hay ahí fuera, en el mundo físico. Tratan de lo que hay dentro de ti, de lo que piensas. Tu mundo de fantasía. Tu imaginación te lleva a ese lugar, un lugar imaginario en tu mente, aunque no exista en el mundo físico. Es un mundo de fantasía, pero también es muy real. Mucha gente quiere ese mundo imaginario. Y puedes tenerlo porque forma parte de la ley.

Comprende que yo he estado donde tú estás. Sé que si puedo verlo en mi mente, puedo sostenerlo en mis manos. He creado abundancia a partir de una vida de pobreza y de estar arruinado. Tú también puedes. Pero primero tienes que verlo en tu mente para poder crearlo en la realidad física, en la vida real.

Creía que podía viajar, y lo hice.

Creía que no tenía que preocuparme por el dinero, aunque había veces que pasaba hambre, como cuando vivía en Londres. Creía que la gente me ayudaría en el camino, como mi hermano, mi hermana y mis amigos. Les preguntaba: "Oye, ¿puedes ayudarme con algo de dinero?".

En Londres, trabajé en mi canal de YouTube, el Wealth Mindset Group, que había creado para ayudar a personas con ideas afines a pensar juntos. Ayudé a personas de Londres, incorporándolas al grupo. Creía que podíamos trabajar juntos y explicar las ideas de un modo que la mayoría de la gente podía entenderlo

Era feliz porque hacía lo que me gustaba.

Fue entonces cuando conocí a un valioso amigo llamado Vincent. Vincent y yo trabajábamos juntos, y él también ejercía de mentor. Conducíamos por Londres y hablábamos mucho de nuestras vidas personales y de nuestros objetivos.

Recuerdo que un día miró un Rolls-Royce blanco y dijo: "Algún día me compraré este coche". Recuerdo que pensé que el coche ya era suyo; conocía la Ley de la Atracción y la practicaba.

La conducción de Vincent era como un superpoder. Iba andando a Hyde Park, atravesaba Londres, cogía la línea Piccadilly y visitaba Neasden y Muswell Hill, donde me reunía con Vincent frente a la iglesia. Nos sentábamos allí a tomar café mientras él trabajaba en su empresa.

He aquí un punto importante: tienes que creer que esto es posible para ti. Tienes que creer que puedes crear cualquier cosa que desees. Tu creencia tiene que ser interna, y tienes que creerlo no sólo a nivel consciente, sino a un nivel subconsciente profundo.

Parte de tu mente subconsciente alberga paradigmas: pensamientos que aprendiste de las opiniones de otras personas. Estos paradigmas te dirán No es posible. Nunca lo has hecho. No puedes viajar. Quédate donde estás. Estás bien. No tienes que preocuparte. Ve a trabajar, sigue con tu horario de nueve a cinco. Es más seguro.

Puedes anular el parloteo de estos paradigmas leyendo constantemente lo que has escrito en tu tarjeta de objetivos.

He aquí un ejemplo. Ya hemos hablado antes de la mente subconsciente y consciente, pero es crucial que comprendas que la clave está en la repetición. Debes repetirte una y otra vez:

- Soy abundante
- Soy millonario
- Soy feliz
- Estoy sano
- Soy rico

Dilo una y otra vez, aunque al principio no lo creas.

Dilo con emoción, para que tu mente subconsciente lo crea. La mente subconsciente creerá cualquier cosa que le digas, cualquier cosa que repitas a lo largo del día. Los paradigmas intentarán luchar contra ti, pero tienes que seguir diciéndote a ti mismo: Soy feliz, estoy sano, soy rico y *soy capaz*.

Cada día, tienes que escribirte recordatorios, como por ejemplo Ahora estoy muy contento y agradecido de que el dinero me llegue en cantidades cada vez mayores a través de múltiples fuentes de forma continua. Sigue escribiendo esto. Te ayudará a pasar al siguiente nivel. Puede que al principio no sea fácil, pero tienes que seguir escribiéndolo.

Cuando vivía en Londres, escribía con frecuencia mis objetivos. Cada vez que me sentaba a tomar café, escribía mi objetivo. ¿Cuál era mi trabajo? Bueno, no tenía trabajo. Mi trabajo era crear.

La gente se preguntaba cómo era capaz de permanecer tanto tiempo en Londres. No sabía lo que estaba pasando, pero sabía que iba a convertirme en cripto millonario.

Sabía lo que escribí en California: que iba a ser próspero, que iba a convertirme en multimillonario. Escribí este objetivo en diciembre de 2019, y en 2021 se manifestó en mi realidad.

¿Cómo se manifestó? Bueno, el "cómo" se te presentará. Se presentará justo a tiempo, como diría mi mentor.

¿Qué es el cómo? El cómo es esencialmente la forma en que la energía se comunica con una energía de naturaleza similar. Verás, no sólo tienes capacidades dadas por Dios, sino que también trabajas con leyes universales. Éstas son

- La transmutación perpetua de la energía
- La ley de la vibración y la atracción
- La ley de la relatividad
- La ley de causa y efecto
- La ley de la polaridad
- La ley del ritmo
- La ley de género

En este momento, sólo son palabras, y conocerlas no basta. Tienes que comprender estas leyes para crear la vida que deseas. Explicaré estas leyes con más detalle en otro capítulo.

En primer lugar, tienes que comprender las facultades que Dios te ha dado. No sólo tienes tus facultades inferiores o físicas: ver, oler, gustar, oír y tocar. También tienes facultades intelectuales. Son las capacidades mentales que Dios te ha dado.

Puedes utilizar la voluntad, la imaginación, el razonamiento, la intuición, la memoria y la percepción. Conocer estos factores intelectuales te distinguirá del 99% de la gente y te situará en el 1% superior. El 1% es el pequeño grupo de personas que cabalgan esta ola de éter, que van a contracorriente, que creen que la marea trabajará con ellos, no contra ellos. Creen que tus pensamientos crean tus circunstancias. Creen que nada puede detenerte porque puedes tener lo que quieras e ir adonde quieras.

El mundo es tu ostra. La perla que hay dentro ya es tuya.

¿Te lo crees?

Napoleón Hill dijo: "Hay una diferencia entre desear una cosa y estar preparado para recibirla. Nadie está preparado para algo hasta que cree que puede conseguirlo". Recuerda que no se requiere más esfuerzo para apuntar alto en la vida, para exigir abundancia y prosperidad, que para aceptar la miseria y la pobreza.

¿Crees que eres abundante? ¿Puedes dejar de pensar hoy en los aspectos negativos de tu vida y empezar a vivir en tu imaginación, como hice yo, imaginando la vida de tu futuro?

Es muy importante que conozcas este material para que puedas comprender El Secreto Detrás del Secreto. Porque el éxito no es un lugar; es un estado mental. El éxito, como diría Earl Nightingale, es "la realización progresiva de un ideal digno".

Eso es el éxito. Es la realización progresiva de un ideal digno.

Comprendes que hay un río de miedo, que hay gente en el bar tomando copas, que algunos están controlados por la procrastinación, el fracaso y las opiniones de los demás. Esas personas no dejan de recordarte: "¡Eh, aquí es donde deberías estar, quédate aquí con nosotros! No puedes hacerlo. Nadie puede".

Pero no es ahí adonde vas a ir. Vas a ir a otro nivel. Vas a ser más, más grande, más rico y más exitoso, como cuando aterrizaron en la luna, donde ningún hombre había ido antes.

Te vas a otro sitio. Las leyes son precisas, como dijo Werner von Braun. Cuando John Kennedy le preguntó qué haría falta para poner un hombre en la Luna y traerlo sano y salvo a la Tierra, Von Braun sabía que no tendríamos ninguna dificultad para enviar un hombre a la Luna, y que podríamos cronometrar el alunizaje con la precisión de una fracción de segundo. Respondió a Kennedy con cinco palabras "La voluntad de hacerlo".

Las leyes son precisas, y por tanto tú tienes que ser:

- Preciso
- Claro
- Enfocado

Cuando pienses en alcanzar tu objetivo, piensa con la fé de que eres capaz. Piensa con la creencia de que lo que deseas ya te ha sido concedido.

CAPÍTULO 4 PREGUNTAS DE ESTUDIO

1. ¿Cómo refuerzas tu creencia en tus manifestaciones, incluso cuando no ves resultados inmediatos?

_____

_____

_____

_____

2. ¿Qué prácticas te ayudan a mantener una fe inquebrantable en la Ley de la Atracción y en tu capacidad para crear tu realidad?

_____

_____

_____

_____

3. ¿Has experimentado alguna vez un momento en el que te ha asaltado la duda? ¿Cómo volviste a creer?

_____

_____

_____

_____

4. ¿Cómo te enfrentas al escepticismo o a la negatividad externos sin dejar de estar comprometido con tus creencias?

_____

_____

_____

_____

CAPÍTULO 5

TIEMPO SOLEADO

¿Cómo cambia el dinero a las personas? Parece que cuando la gente se enriquece, a menudo quiere mudarse a lugares soleados. Eso es lo que me ocurrió cuando vivía en Londres.

Mi novia de entonces (la llamaré Lana) me dijo: "Sabes, en Londres empieza a hacer frío y, ahora que se acerca noviembre, quizá deberíamos ir a España. Tú hablas español. ¿Has estado alguna vez allí?"

Le contesté que nunca había estado en España. Me pareció una idea intrigante porque mi apellido es español y siempre había querido visitarla, incluso antes de que Lana me lo sugiriera. Siempre me habían fascinado los castillos de allí.

Tras pensarlo un momento, dije: "Sí, me gustaría probarlo".

Por aquel entonces, yo vivía en Londres y visitaba a Lana de vez en cuando. Pero aquel día me sorprendió. Compró los vuelos para ir a España.

No tenía mucho dinero porque la mayor parte estaba invertido en criptodivisas, pero tenía la imagen de un millonario. Actuaba como uno, que era algo en lo que mi mentor hacía énfassis a menudo: Tienes que asumir plenamente el rol de la persona que deseas ser .

Bob Proctor mencionaba a menudo a Stella Adler y su libro *El arte de actuar*. Ella formó a algunos de los mejores actores del mundo, incluido Marlon Brando. Adler enseñó que debes asumir plenamente el carácter del papel que estás interpretando. Neville Goddard también enseñó un principio similar para crear la vida que deseas: asúmelo con fuerte emoción, y lo manifestarás.

Así que sí, quería ir a España. Estaba ansioso por vivir la experiencia. Salimos hacia el aeropuerto en noviembre de 2020, cuando el coronavirus era todavía una preocupación en Londres. Mientras esperaba el vuelo, una azafata me dijo que no podía abordar el avión porque soy estadounidense y los estadounidenses no tenían opermitido entrar a Europa debido a las restricciones por el coronavirus.

Le respondí: "Eso es imposible. Tengo que ir a España. Tenemos nuestros vuelos".

Me dijo: "Lo siento, Sr. García, no puede subir al avión. A su amiga se le permite porque es lituana, pero usted no puede entrar".

Me sentí frustrado, pero entonces recordé lo que había aprendido: **el "no puedo" no existe.**

Me dije que podría ir a España. Pensé: ¿Le estás diciendo al tipo que ha vivido en Chicago, California e incluso ha llegado al Reino Unido sin trabajo, sólo con una visión, que no puede? Te equivocas. Sí que puedo.

Entonces, ¿qué hice? Alquilé un coche y le dije a Lana que iba a cruzar el Canal de la Mancha, atravesar París y llegar a España. Ella estuvo de acuerdo: "¡Sí, hagámoslo!".

Lana, su hija y yo nos dispusimos a cruzar el Canal de la Mancha para llegar a Francia. Por el camino, pudimos ver el muelle del ferry más adelante y la caseta de aduanas. Nos detuvieron en la aduana. Los agentes franceses comprobaron mi pasaporte, lo sellaron y pronto estábamos en un transbordador con el coche alquilado, cruzando el Canal de la Mancha hacia Francia.

Al cabo de dos horas, estábamos en Francia y estaba anocheciendo. Estaba en esta aventura, pensando en cómo estaba cambiando mi vida en ese momento y en cómo estaba viendo cosas que nunca había visto antes. Era tan emocionante. Lana estaba despierta conmigo, al igual que su hija. Salimos del ferry y empezamos nuestro viaje por el campo francés..

Al cabo de un rato, necesitábamos gasolina y yo tenía hambre. Paramos en un autoservicio para comer algo. Al pedir una hamburguesa, me di cuenta de que nadie hablaba inglés y me hablaban en francés. Pensé que realmente había entrado en otro mundo. Era completamente distinto. Estaba acostumbrado a lo que me era familiar: vivir en Chicago, hablar inglés y español. Pero aquí estaba, en Francia, sin hablar francés, y no me entendían.

Señalé el menú y dije: "Hamburguesa, hamburguesa". La cajera respondió en francés, y luego repitió en inglés: "Quiere una hamburguesa". Confirmé: "Sí, una para mí, para ella y para su

hija". Introdujo nuestro pedido en la pantalla. ¡todo ello sin necesidad de que hable francés!

Mientras esperábamos, pensé: aquí estoy, en un autoservicio francés, un tipo normal de Chicago. Sólo un año antes había estado viviendo sin dinero y, aunque seguía sin tener mucho, tenía la mentalidad de un millonario. Creía que nada podía detenerme y que todo era posible.

Estaba conduciendo por Francia con mi novia en este viaje inesperado. Entramos en España sin más. El Reino Unido estaba en estado de bloqueo total, con los comercios cerrados, pero de alguna manera, llegué a España, donde no había bloqueo y todo estaba abierto.

Seguimos conduciendo por España hasta Granada, en el sur, y luego hasta Marbella, aún más abajo. Atravesamos las montañas para llegar a España. Para entonces, yo estaba cansado. Lana tomó el relevo y nos llevó a la costa sur, a Marbella.

Recuerdo que al despertarme me di cuenta de que estábamos en España. Miré hacia fuera y vi el sol, olivos bordeando las carreteras y huertos que se extendían por el campo. Le pregunté a Lana cuándo había empezado a conducir, y me dijo que había estado conduciendo mientras yo dormía. "Estamos en España, casi hemos llegado. Sólo dos o tres horas más hasta llegar a Marbella, donde alquilamos nuestro Airbnb". Me emocioné, sabiendo que justo el día anterior estaba en Londres y me habían dicho que no podía entrar en Europa por ser estadounidense.

Cuando te digas a ti mismo que algo es imposible, te reto a que te lo replantees. Todo es posible si lo crees, como dirían Napoleon Hill y William James. Cree en tu creencia. Y tu creencia creará literalmente la realidad. Yo creía que entraría a Europa y estaría en la playa de Mar- bella. Y un día después, allí estaba, en nuestro Airbnb de Marbella.

Recorrí las playas de Marbella en sandalias, sintiendo el sol, disfrutando del mar y sintiéndome en paz, sabiendo que todo es posible. Había llegado a mi destino a pesar de que me habían dicho que no podía subir al avión.

Tienes que ser feliz, sano y rico, diría Bob Proctor. Pero también tienes que estar agradecido. Tienes que tener un espíritu de gratitud.

Suena como una historia sacada de una novela, como ficción, incluso irreal. Pero me ocurrió a mí. Estaba en España, sin haber estado nunca. Tenía un coche de alquiler de Londres, y el gobierno estaba diciendo a la gente que se quedara en casa a causa del coronavirus. Sólo se nos permitía salir durante un tiempo limitado, pero hacía sol y podíamos tomar café y disfrutar del balcón de nuestro Airbnb.

Al poco tiempo, se nos acabó la semana. Pero me di cuenta de que quería quedarme en España. Me gustaba. Encontré un gimnasio donde podía hacer ejercicio al aire libre, cerca de nuestro Airbnb. Un día, mientras hacía ejercicio, algo me dijo que comprobara mi cuenta Hex (cripto).

Lo comprobé. Estaba en 100.000 dólares. Estaba creciendo de verdad. Me di cuenta de que mi criptomoneda empezaba a pagar intereses (o dividendos). Podía empezar a retirar dinero. Así que le dije a Lana: "No te preocupes, podemos prolongar nuestra estancia. Podemos quedarnos otro mes".

Estaba encantada porque también era independiente y estaba estudiando mi material. Hacía llamadas de coaching con Lana y su equipo todos los días mientras estaba en España. Era emocionante, y aunque no me pagaban, me sentía gratificada porque estaba ayudando a la gente a comprender que Todas las Realidades Existen.

Empecé a sacar dinero para seguir pagando nuestra estancia en España. En aquel momento, existía un monedero de criptomonedas llamado Monolith, un monedero virtual con una tarjeta Visa. Podía pagar la tarjeta de crédito con criptomoneda. Vendía mi Hex por Ethereum y recargaba la tarjeta con Ethereum. Aceptaban Ethereum como dólares.

La usaba para todo: comida, suscripción al gimnasio. Funcionaba como una tarjeta de crédito o débito normal.

Podía prolongar nuestra estancia en el Airbnb. Ahora estaba gastando criptomoneda para vivir, y era noviembre de 2020 -11 meses después- y estaba utilizando mi criptomoneda para cubrir todos mis gastos.

Lana vio el potencial de las criptomonedas y quiso participar. Me dijo: "Sé que has ganado mucho con Hex, pero necesito ayuda para encontrar la próxima gran cosa".

Dije: "Hex es la próxima gran cosa. No hay otro".

Lana respondió: "Bueno, no me siento bien al respecto. Quiero encontrar otra cosa".

Tienes que conectar con la frecuencia de lo que deseas. Tienes que conectar a través de tu imaginación y tu sistema de creencias. La mayoría de la gente no puede atraer lo que desea porque no lo cree a nivel subconsciente. Necesitas creer en los tres niveles: consciente, subconsciente y de creencias, para manifestar lo que deseas.

En España, iba a la playa, ayudaba a la gente a crecer y les servía de mentor. La gente empezó a creerme porque mientras ellos estaban en Londres, yo estaba en España, y gente de Estados Unidos se unía a nuestras llamadas.

Lo interesante era lo mucho que había crecido mi criptomoneda. Había escrito que ganaría millones y viviría de los intereses. Había enviado ese mensaje a mi mente subconsciente con entusiasmo. Así es como se penetra en la mente subconsciente. Cualquiera puede hacerlo. Si yo lo hice, tú también puedes hacerlo.

Lana quería más para sí misma y realmente deseaba conectar con el subconsciente. Me dijo que le estaba costando mucho comprar una casa para ella y su hija. Ya tenía una casa, pero quería una más grande. No quería vender su apartamento de dos habitaciones, sino que quería una casa más grande para ella y su hija, un piso más grande. Antes de irnos de Londres, me dijo que tenía 50.000 dólares que necesitaba aumentar. Le pregunté qué quería realmente, y me dijo: "Ya sé lo que quiero".

Le pregunté: "¿Pero lo tienes escrito?". Dijo que sí, así que le sugerí que lo escribiera de nuevo, delante de mí. Escribió que iba a tener cinco propiedades en toda Europa y que iba a ganar más de 100 millones de dólares con su negocio.

Yo estaba entusiasmado por ella, y ella también. Pero cuando, en Londres, me lo contó, me pregunté cómo iba a atraer 100 millones de dólares a su negocio. Si posiblemente ganaba 5.000 dólares al mes, ¿cómo iba a pasar de 5.000 a 100 millones?

Pero no pensé que fuera imposible. Vi lo que Bob Proctor había hablado con John Kanary, su socio, y la historia de cómo Jack Canfield vendió 50 millones de ejemplares de *Sopa de Pollo para el Alma*. Así que pensé: "Todo es posible, pero veamos cómo se desarrolla esto, porque nadie sabe cómo ocurrirá".

Ya sabemos que ocurrió porque Todas las Realidades Existen. Así pues, dije con espíritu de gratitud: "Así es. Está hecho".

Ahora estábamos en España. Ella estaba trabajando en sus objetivos, y yo Estaba asesorando a gente con el material que me habían enseñado Napoleon Hill y Bob Proctor. Sé que esto parece sacado de una fantasía, como Alicia en el País de las Maravillas. No parece real ni tiene sentido, como tener un sombrero mágico.

Pero es real. Y tú eres el mago. Tú eliges lo que sale del sombrero. Yo no quería un conejo. Quería viajar. Y aquí estaba, viajando.

Este camino también conlleva emociones encontradas; puedes quedarte atrapado pensando en lo que es normal. Nos han programado para aceptar, creer y hacer lo que es normal durante tanto tiempo, que piensas que no puedes conseguir lo que quieres. Entonces, intentamos buscar algo dentro de nosotros, decimos, esto es lo que quiero hacer, y es entonces cuando empieza a suceder la magia.

Mucho antes de estar en Londres y luego en España, quería viajar. Por aquel entonces, un amigo me había contado lo bonita que era Suiza, y yo quería ir. Me di cuenta de que Suiza está cerca de Italia, y tomé la clara decisión de ir.

Recuerdo que entré en un pueblo llamado Cantú. El nombre me llamó la atención porque Cantu es el apellido de soltera de mi madre. De algún modo, sentí que había una conexión y quise ir a ese pueblo porque no mucha gente tiene ese apellido.

Era enero cuando visité Suiza por primera vez. Cantu está junto al lago Como, por donde pasa el tren. En realidad, el lago de Como no está en Suiza, sino en Italia. Cantu está muy cerca de Italia. Al final, no fui a Cantu, pero sí a Milán.

Paseando por Milán, me fijé en una calle llamada Caesar Cantu. Eso se llama sincronicidad. Pensé: Vaya, podría ser un pariente lejano de mi madre. Y sentí que tal vez tuviéramos un poco de italiano en nosotros. Eso es lo que realmente me gustó de ir de Suiza a Milán.

Es increíble cómo la mente subconsciente empieza a captar las cosas en las que piensas.

Una de mis películas favoritas es Hudson Hawk, con Bruce Willis. Trata de un ladrón que va a Italia a robar las creaciones de Leonardo da Vinci. Siempre está intentando disfrutar de un capuchino, pero nunca tiene la oportunidad de tomarse uno hasta el final de la película. Por fin, consigue su capuchino, justo cuando acaba la película.

Cuando fui a Italia, no dejaba de pensar en escenas de Hudson Hawk y en ese capuchino. En Italia todo el mundo bebe espressos y capuchinos. Verlo en persona es como ver algo que nunca has visto antes. Es como comprar una casa que no has visto, pero la casa no es una casa típica. Nunca antes habías visto ese tipo de estructura. En persona, parece totalmente diferente. Las calles, la forma de vivir de la gente, cómo lavan la ropa, cómo se toman el café, cómo hablan... todo es totalmente distinto. Eso me intrigó.

Cuando vivía en Chicago, sentí que necesitaba ir a Europa y, de algún modo, las puertas empezaron a abrirse para mí hasta que me fui literalmente a Europa. Primero fui a Suiza, luego a Italia, seguida de Londres y España. Mis amigos y mi familia me habían dicho en 2020 que me quedara en casa, en Chicago. Once meses después, estaba en España.

No sólo eso, sino que recuerda que, cuando estaba en el Reino Unido, me dijeron que no podía ir a España. Pero tenía que hacerlo. Y ocurrió, incluso después de que me dijeran que no podía ir. Sé que las palabras "no puedo" no tienen más significado que el que yo les doy.

Lana y yo estuvimos en España seis meses, desde noviembre de 2020 hasta abril de 2021. Durante ese tiempo, el Reino Unido estuvo totalmente bloqueado. La gente perdió sus negocios.

Abril fue el punto de inflexión para Lana. Se hizo rica. Convirtió sus 50.000 dólares en 17 millones mediante otra criptomoneda, no Hex, pero Hex alcanzó los 0,57 dólares.

Cuando Lana y yo estábamos en el Reino Unido, hablábamos de sus objetivos. Había anotado que quería tener cuatro propiedades y tenerlas pagadas, y quería hacer 100 millones de dólares. No estoy seguro de si llegó a ese objetivo, pero sé que ganó 17 millones con criptomonedas. ¿Verdad? ¡17 millones de dólares! Compró las propiedades que quiso.

Por eso es importante estar rodeado de gente que te apoye. Soy el tipo de persona que da, pero también quiero que se me reconozca. Toda persona necesita sentirse reconocida. A veces sentía que Lana no me reconocía. Cuando le dije que quería escribir libros (cuando vivíamos juntas en España), me dijo que no ganaría dinero escribiendo libros. Cuando compartía mis ideas, ella decía cosas que me hacían pensar que no valoraba mis ideas. Cuando le dije lo mucho que valoraba a Hex, me dijo que no le gustaba Hex.

Cuando ganaba dinero, se compraba un Rolex y nunca me reconocía como alguien que la había ayudado, incluso daba crédito a su empresa de marketing de redes y decía que era esa empresa la que le proporcionaba la libertad para viajar por el mundo y disfrutar de la vida. Y yo me sentí como, bueno, ¿qué pasa conmigo? ¿Qué pasa con mi Crypto Life School a la que asististe? ¿Qué pasa con todas las cosas que te dije que hicieras? No es que ella no valorara la información. Decía que la valoraba, pero sus acciones hablaban de otra manera. Oí una vocecita dentro de mí que me decía: "Aléjate de esta relación".

Es muy importante que lo que decimos y lo que hacemos transmitan el mismo mensaje. Tienen que estar alineados. Yo digo la verdad, aunque me haga parecer tonto. Puede que me consideres infantil, pero en el fondo todos somos niños. Sé que soy un niño, aunque me haga parecer un tonto, si eso tiene algún sentido.

En abril de 2021, me marché para volver a Chicago. Fue entonces cuando la otra moneda que compré empezó a subir de precio. Cuando nos instalamos en Chicago, Lana y yo rompimos. Pensé en volver a Europa. Acabé volviendo a España una vez más, con mi equipaje y sin ningún lugar donde vivir.

Encontré un abogado en Portugal que me ayudaría a hacerme portugués. Pensé que acabaría en Portugal. Fui a Portugal en julio y, desde Portugal, decidí ir a Viena, Austria.

Una vez en Viena, estaba en un Starbucks y abrí mi laptop para comprobar cuánto dinero tenía en Hex. Me quedé de piedra. Miré mi cuenta y ponía 120 millones de dólares. Fue entonces cuando me di cuenta de la realidad. No la realidad de mi mente, sino el mundo tangible en 3D en el que vivimos. La realidad real, física. ¡Me golpeó fuerte!

Estaba sentado en Starbucks, con la piel de gallina. Pensé en el 1 de enero de 2020, el día que escribí mi objetivo: voy a ganar 50 millones de dólares en criptomoneda para el 1 de enero de 2021. Había pasado exactamente un año. Me había dado un año para conseguirlo. Pero había escrito 50 millones de dólares, no 120 millones. Cuando miré mi cuenta, eran 120 millones de dólares, y esto fue en julio, un año y siete meses después. No era enero de 2020; era julio de 2021. Un año y siete meses después, había manifestado no sólo 50 millones de dólares, sino más del doble: 120 millones de dólares.

Mientras estaba allí sentado, pensé en John Kanary y Bob Proctor. Pensé en ir a Venice Beach en bicicleta eléctrica. Pensé en que no tenía dinero para pagar mi casa, la casa que mi amigo Johnny había avalado. Y lo más gracioso fue que Johnny me dijo: "Mira, no quiero que te preocupes más por la casa. Te voy a devolver lo que pusiste en la casa, tu fianza, y me voy a quedar con la casa. Así que te daré los 20.000 dólares y me quedaré la casa para mí".

Johnny sintió que estaba haciendo un trato porque la casa estaba en un buen barrio, ¿no? Así que me dio los 20.000 dólares. Compré Shiba Inu, una moneda meme que acabó devolviendo 1.000 veces. Mis 20.000 dólares se convirtieron en 20 millones. Cuando Johnny me preguntó qué había hecho con los 20.000 dólares, le dije que me había comprado un chalet en España con ellos. Me dijo: "¿Cómo es posible? ¿Tu villa debe costar entre 2 y 3 millones?".

Le dije: "Bueno, había una moneda meme en la que invertí los 20.000 euros. Compré la casa con eso como pago inicial".

Tenía tanto dinero en el mundo virtual que si quería cobrarlo, sólo me daban como 4 o 5 millones. Se llama deslizamiento, cuando pasa de 20 millones de dólares a sólo 5 millones porque quieres todo tu dinero inmediatamente. Vas a recibir un golpe.

Así que decidí: "Vale, voy a comprar una casa en España. Voy a comprar una casa en Portugal, y voy a vivir en Portugal, pero voy a arreglar mi casa en España".

Me quedé en España para seguir mejorando la casa. Quería invertir más en ella para mejorarla aún más. Mi amigo no podía creer mi historia y dijo que sonaba tan irreal. Le respondí que era porque no veía una situación negativa como una situación negativa. La veía como algo positivo.

En Viena, vi que había manifestado riqueza por segunda vez, y lo hice más rápido que la primera vez, la de los 1,75 millones de dólares. Aquello me llevó cinco años, pero estos 50 millones sólo me han llevado un año y siete meses.

Di un gran salto. Fui de Zúrich a Viena y acabé volviendo a España con mi equipaje y necesitando alojarme en algún sitio. Encontré una plaza en el Hotel Catalina de San Pedro. Estuve allí tres meses antes de comprar mi chalet y empezar las reformas. Durante esos tres meses, viajé una y otra vez a Estados Unidos.

Mientras viajaba, tomé una decisión. Decidí escribir sobre la Ley de la Atracción. En cuanto empecé a escribir, supe que quería escribir más libros. Pensé que mis libros serían más interesantes, pero también a otro nivel, en el que tú, el lector, pudieras aprender a dar un salto cuántico como yo hice.

Tienes que estar rodeado de la gente adecuada. Porque si no hubiera sido por Ryan, Bob Proctor, John Kanary y sus enseñanzas, no habría sabido cómo elevar mis metas.

Ryan había estado en el mundo de las criptomonedas más o menos al mismo tiempo que yo. Habló de otra criptomoneda incluso antes de que compráramos Hex, prediciendo que llegaría a 0,20 dólares. Si eso ocurría, seríamos millonarios. En cuanto empecé a centrarme en cifras mayores, incluso antes de pensar en Bitcoin, mi mentalidad cambió. Todo tenía sentido.

Sí, la lógica nos lleva a menudo a intentar comprender la ley de la atracción, preguntándonos: "¿Cómo puedes conseguirlo? Es imposible.

No puedes hacerlo porque...". Pero recuerda, aquello en lo que te permites pensar es aquello en lo que te conviertes.

Hay una historia interesante en la contraportada del libro *How to Raise Your Own Salary*, en la que Napoleón Hill está hablando con Andrew Carnegie. Hill quería saber cómo funcionaba la ley del género, y Carnegie le dice: "Isaac Newton creó el cálculo y, a partir de él, averiguó lo que era la gravedad en aquella época. Pero nadie sabía lo que era la gravedad. Es una fuerza de la naturaleza". Carnegie continúa: "Ni siquiera el más sabio de los hombres puede comprender cómo estas cosas se convierten en realidad".

Es verdad. Ni siquiera el más sabio de los hombres puede comprender cómo estas cosas se convierten en realidad.

Lo relaciono con la tierra del suelo. Se podría decir que la tierra es como la mente subconsciente. No tiene vida. No comes tierra, pero cuando plantas una semilla en ella, la riegas y le da el sol, esa semilla empieza a crecer.

No estoy seguro de por qué el sol tiene esta energía ni de cómo funciona todo esto. Si quieres saberlo, pregúntale a mi buen amigo Dan Matthews. Pero sé que cuando el sol toca la tierra y sigues regando esa semilla, algo brotará. Comemos lo que viene de la tierra.

La mente consciente es aquello en lo que piensas, y la mente subconsciente es la tierra. Tu pensamiento es la semilla que debe plantarse en la tierra. Tú plantas la semilla de tu pensamiento.

Tu sistema de creencias, tu fe y tu persistencia son lo que siguen regando la tierra.

Pasa el tiempo. La pequeña semilla se convierte en una planta. Pronto florece y da fruto. El fruto de esa semilla empieza a madurar. Luego te comes la fruta que sale de la tierra. Y así es como yo interpreto lo que Carnegie le dijo a Hill. Quizá sea mi forma de entender por qué ni siquiera el más sabio de los hombres puede encontrarle sentido.

La mayoría de nosotros no somos científicos. No sabemos exactamente qué tiene el sol que alimenta este subconsciente, esta tierra. Porque en realidad, es sólo tierra. No puedes comer tierra y sobrevivir. No hay nada ahí que te nutra. Pero la tierra puede nutrir a una planta, junto con el agua y la luz del sol.

Hay más tierra que semilla, y hay más subconciente que consciente, ¿verdad? En tu mente, hay más subconsciente que consciente. Hay más tierra que semillas. Así que hay mucho espacio. Hay mucho espacio para crecer.

Pero la razón, volviendo a la programación y a los paradigmas, es que nos atrapamos a nosotros mismos. Dejamos que la televisión, los amigos, la sociedad, lo que se considera normal y lo que creemos que se espera de nosotros nos meta en una caja. Todo por lo que pasé fue para liberarme de esa caja. No quería estar en casa, desinfectando la puerta, con miedo a contagiarme de coronavirus. Pero eso es lo que hacía, y me contagié de todos modos. Llegué al punto de tener frío, estar enfermo y utilizar spray desinfectante en todo lo que había por la casa.

Pensé: Esto no es sano. Estoy perdiendo la cabeza. Necesito la luz del sol. Necesito salir de esta casa.

Y luego me fui. Gracias a la tecnología, a Facebook y a varias aplicaciones, pude conectar con gente de todo el mundo.

El mundo es más pequeño de lo que crees. Mucha gente piensa que el mundo es inmenso y que es difícil ir de un sitio a otro, pero si tomas una decisión, llegarás en poco tiempo. Todo lo que sueñas puede convertirse en tu realidad.

¡Créetelo!

CAPÍTULO 5 PREGUNTAS DE ESTUDIO

1. ¿Cómo afecta el tiempo soleado a tu estado de ánimo y a tu capacidad para manifestar tus deseos?

_____

_____

_____

_____

2. ¿Cómo puedes utilizar la Ley de la Atracción para crear una perspectiva soleada, independientemente del tiempo que haga?

_____

_____

_____

_____

3. ¿Qué afirmaciones positivas o visualizaciones utilizas para alinearte con la energía estimulante del sol?

_____

_____

_____

_____

4. 4. ¿Cómo puedes mantener la misma energía en los días nublados que en los soleados?

_____

_____

_____

_____

CAPÍTULO 6

EL TIEMPO DEL CAMBIO

En 2017, dirigía mi Clínica de Modificación de Préstamos y me había convertido en consultor de Bob Proctor y del Instituto Proctor Gallagher. Iba a sesiones de formación en Toronto, a menudo conduciendo desde Chicago, lo que suponía unas nueve horas de viaje ida y vuelta. Durante esos trayectos, pensaba mucho en mi empresa. Me gustaba tenerla, y todavía quería dirigirla.

Pero me faltaba algo. Mi deseo era finalmente ser un producto de lo que estaba aprendiendo de Bob Proctor. Estaba aprendiendo nuevas ideas sobre el hecho de que no hay límites a lo que puedo aprender, crecer o ganar dinero. Es ilimitado.

Seguí conduciendo y pensando. En cuanto al dinero, pensaba que lo máximo que había ganado era 1,75 millones de dólares. ¿Cómo podía aumentar la cantidad de dinero que tenía o que quería ganar? Quería ganar 50 millones, pero no quería hacerlo en la clínica de modificación de préstamos. Quería ganarlos en criptomoneda. No sabía exactamente en qué criptomoneda invertir, pero tenía tres propiedades en las que estaba invirtiendo y no ganando mucho de ello.

Cuando tenía mi empresa, tenía tres propiedades. Luego vendí una, un piso de tres dormitorios en Hyde Park, Illinois - de donde es el presidente Obama- y bajé a sólo dos. Vendí ese condominio por 5.000 dólares. Hasta ese momento, estaba perdiendo dinero porque intentaba encontrar el siguiente Bitcoin. Sabía que podría multiplicar por 100 mi dinero con otra criptomoneda, pero sería difícil multiplicarlo por 1000 con Bitcoin porque ya había obtenido esas ganancias. Había estado buscando la siguiente criptomoneda, y perdí dinero por el camino. Pero no me rendí. Fui persistente en la búsqueda de la siguiente moneda.

Fui a California en septiembre de 2019. Mis hermanos decidieron alquilar una furgoneta de carga grande, como las que utilizan los equipos deportivos, en las que caben 18 personas. Querían llevar esa furgoneta de viaje por Estados Unidos, tal vez ir al Monte Rushmore, donde están los presidentes, en Dakota del Sur. Estuve de acuerdo en que parecía una gran idea. Así que mi hermana alquiló un gran autobús. Tenía un baño y un dormitorio. Mi madre, mi padre, mi hermano, su mujer Joanna, mi sobrina y yo nos montamos en el autobús y atravesamos el centro de
Estados Unidos.

Fuimos en coche desde Chicago para ver el Monte Rushmore, y luego pasamos por Iowa, Nebraska y Wyoming. Desde allí, fuimos hasta Arizona, y mi padre pudo ver Sedona. Hay una energía especial en Sedona; se respira mucha paz. Podíamos ver las montañas a lo lejos, y era una vista preciosa.

Después del viaje con mi familia, mi hermana me dejó en Las Vegas. Alquilé un coche y conduje hasta California.

Mi coche de alquiler era solo por una semana. No tenía dónde vivir a largo plazo. Llamé a mi amigo Roberto, a quien conocí en Toronto a través de Bob Proctor. Roberto es como mi hermano. Tenía una oficina inmobiliaria en California, y tenía un dormitorio. Me dijo que podía quedarme en ese dormitorio hasta que encontrara un apartamento.

Le dije a Roberto: "Tengo 45.000 dólares, pero sé que no puedo comprar una casa en California con 45.000 dólares. ¿Me dejas quedarme allí tres o cuatro días" Aceptó y me dijo que podría utilizar el gimnasio de en frente para ducharme.

No me lo podía creer. Allí estaba, en California, sin saber exactamente dónde, en Los Ángeles. Y sólo tenía una semana para encontrar un apartamento.

Creía en la Ley de la Atracción y me dije: "Voy a encontrar un lugar donde vivir. Tengo el dinero, así que no debería ser difícil". Empecé a hacer llamadas, pero no había pisos disponibles. Hice una llamada tras otra. Todos querían hacer una comprobación de crédito y conseguir el pago inicial. Finalmente, conocí a un señor mayor llamado Ed a través de un anuncio de apartamentos.

En ese momento, me alojaba en la oficina de mi amigo Jeff. Jeff hacía procedimientos de micropigmentación para hombres calvos o que perdían pelo. Él y yo dormíamos en los sofás de su despacho. Jeff tenía una casa en Arizona, pero quería quedarse también en California y ver si ambos podíamos conseguir un apartamento. Yo estaba contento de no estar solo.

Ed tenía una oficina en la franja de West Hollywood, en la avenida La Brea, y el apartamento de Ed estaba en West Hollywood. Cuando lo conocimos, Ed nos miró y -me dijo más tarde- pensó: "Estos tipos tienen pinta de querer triunfar".

Así que nos dijo: "Miren, hay diez personas por delante de ustedes. No sé si se los voy a alquilar a ustedes porque, ya saben, esa gente podría tener más cualificaciones que ustedes, pero me gusta el hecho de que quieran estar al sol. Y sé que son de Chicago. He estado en Chicago y en invierno hace mucho frío. Así que entiendo por qué quieren estar aquí".

Ed tenía curiosidad por saber por qué queríamos vivir en Hollywood y quería hacer algunas preguntas más para saber más sobre nosotros. Me preguntó a qué me dedicaba.

"Trabajo para bancos", le dije, "pero tengo una empresa en la que reestructuramos las hipotecas de la gente, y también invierto". Me preguntó en qué invertía.

Le dije: "Bueno, existe una cosa llamada Bitcoin...". Ed interrumpió: "Mira, esto es demasiado complicado para mí. No parecen estables. No sé exactamente a qué se dedican".

Le dije: "Se llama criptodivisa. Es básicamente como dinero nuevo".

Ed se quedó pensativo unos segundos. "Mira, no lo entiendo. Pero lo único que necesito saber es si tienes el dinero por si decido alquilarte el local".

Le dije: "Ed, tengo 5.000 dólares, así que podría pagarte el alquiler de todo el año. Pero realmente no quiero hacerlo. Quizá podría pagarte tres meses".

Ed dijo: "Sí, puedes pagarme tres meses, pero primero tengo que entrevistar a estas otras personas y te diré si reúnes los requisitos". Prometió: "Te llamaré mañana".

No recibimos ninguna llamada. Al día siguiente, Jeff y yo estábamos en un centro comercial llamado Grove, en algún lugar del oeste de Hollywood.

Estábamos en Cheesecake Factory, preparándonos para salir. Jeff estaba seguro de que Ed no nos llamaría. Quería volver a Arizona, a su casa. "Ross, tenemos que ir a Arizona", dijo.

"Te garantizo que dentro de 10 ó 20 minutos llamará", le contesté.

Pasaron cinco minutos y oímos sonar el teléfono. ¡Era Ed! Dijo: "Miren Ross, Jeff, les voy a dar el apartamento, pero quiero esta condición: Me pagan el depósito y tres meses de alquiler por adelantado".

Nuestro alquiler era ridículo. Eran más de 2.000 dólares al mes y nuestra casa parecía una casa del árbol. La cocina estaba junto a la cama donde yo dormía, y también el cuarto de baño. Jeff tenía una pequeña habitación, que era básicamente un armario. Apenas cabía. Ése era nuestro apartamento por el que pagábamos 2.000 dólares al mes. Pero era nuestro.

Nunca llegamos a Arizona.

En el apartamento, escuchaba una grabación en YouTube de John Kanary y Bob Proctor hablando sobre la ley del género. La ley del género establece que una mujer tarda nueve meses en tener un hijo, pero no sabemos cuánto tardará una semilla espiritual. Una semilla espiritual es un deseo, algo que realmente quieres.

Tenía una bicicleta eléctrica con tres baterías: una para ir a Venice Beach, otra para dar vueltas entre Venice Beach y Santa Mónica mientras escuchaba vídeos positivos, y una tercera para volver a casa, a West Hollywood. Tardaría una hora en volver en bici. Era una bici eléctrica, pero si necesitaba pedalear, podía hacerlo.

Salía del apartamento a primera hora de la mañana. Mi rutina consistía en ir al gimnasio, correr, hacer ejercicio, volver a mi apartamento, me duchaba y me preparaba para el día. Luego me subía a la bici y escuchaba el mismo vídeo. Hice esto durante tres meses, todas las mañanas.

Ese vídeo me inspiró para aspirar a 50 millones de dólares.

Entonces no tenía dinero; tenía la idea y la visión de que triunfaría en la criptomoneda. Aún no conocía Hex; tuve el sueño incluso antes de saber qué era Hex.

Para entonces los 5.000 dólares con los que empecé en California se habían gastado en parte, y me quedé en 25.000 dólares por las condiciones del alquiler que tenía que pagar a Ed y porque no tenía trabajo.

También estaba leyendo *La ciencia de hacerse rico*, de Wallace Wattles. En él escribe: "Hay una materia pensante de la que están hechas todas las cosas. Un pensamiento impreso en la materia produce la cosa imaginada por el pensamiento". Tú eres una máquina pensante, y cuando imprimes esos pensamientos sobre esa inteligencia, tus pensamientos se convierten en realidad. Seguí escuchando lo que decía porque lo reiteraba todo el tiempo a lo largo del libro.

En el vídeo de YouTube, John Kanary y Bob Proctor hablan de cómo Jack Canfield le dijo a Bob que quería vender 50 millones de ejemplares de *Sopa de Pollo para el Alma*. Y Bob le dice: "Bueno, nadie ha hecho eso. Parece imposible". Pero entonces Bob dice: "Espera, ¿quién soy yo para decir eso? Esto es lo que enseñamos: que todo es posible". Así que Bob le dice a Jack Canfield: "Claro que puedes ganar 50 millones de dólares, no hay problema". Y Jack no sólo ganó 50 millones de dólares con *Sopa de pollo para el Alma*, ¡sino que vendió más de 250 millones de libros de la serie y luego vendió la empresa por millones de dólares!

Mientras tanto, aquí estaba yo con una bicicleta eléctrica, quedándome sin dinero, pero aferrándome a la visión de ganar 50 millones de dólares para el 1 de enero de 2021.

Era diciembre de 2019 cuando encontré HEX y puse todos los 25.000 dólares que tenía en el proyecto. Tenía unos dos bitcoins y un Ethereum. Invertí ambos en este proyecto llamado Criptomoneda Hex.

¿Qué es Hex? Hex es un certificado de depósito en un contrato inteligente de la red Ethereum. Un contrato inteligente es esencialmente una capa 2 de Ethereum. Los contratos inteligentes son tecnologías que se utilizarán para hacer que el mundo sea mejor y más rápido. Los desarrolladores tomaron el viejo modelo de lo que haces cuando depositas dinero en el banco y lo aplicaron a la blockchain de Ethereum.

Hay varias blockchains diferentes, pero en aquel momento, Richard Heart, el creador de Hex, puso Hex en la blockchain de Ethereum y la puso a la venta. Puse dinero en ese proyecto con la intención de que Hex se convirtiera en un dólar. Hex estaba en 0,0001 dólares en el momento en que invertí. La lanzaron en diciembre de 2019 y yo la compré sobre el 15 de diciembre de 2019.

Entonces tenía a Hex, tenía la semilla de hacerme rico, y tenía a John Kanary y a Bob Proctor diciéndome: "Puedes hacer lo que quieras". Tenía mi bici eléctrica y me iba en ella a Venice Beach todos los días. También estaba aprendiendo las leyes mientras escuchaba los vídeos en mi teléfono. Recuerda que hay siete leyes:

- La ley de la vibración
- La transmutación de la energía

- La ley del ritmo
- La ley de la relatividad
- La ley de la polaridad
- La ley de causa y efecto
- La ley de género

Una semilla es como un objetivo, pero está en tu mente como una idea, algo que te encantaría tener o llegar a ser. Cuando plantas esa semilla, no sabes cuánto tardará en madurar, pero sabes que si la cuidas con agua y comida y mantienes alejadas las malas hierbas, crecerá. Tienes que seguir trabajando en ello y pensando en ello para que el objetivo se haga realidad.

A veces, ocurre en la fecha exacta que tú fijas. Eso es lo que me ocurrió a mí, primero el 1 de enero de 2017, y luego otra vez en 2021. Era julio de 2021 cuando estaba en Austria tomando un café en un Starbucks. Miré el valor de mi cuenta Hex en mi teléfono, y no eran 50 millones de dólares como había establecido en mi objetivo. En realidad era de 142 millones de dólares. Y cambio.

El valor total estaba en acciones T (abreviatura de trillones de acciones), que compré a 0,60 dólares por acción. El punto más bajo de Hex fue el 5 de enero de 2020. Las acciones-T, que valían 0,60 dólares cuando las compré, pasaron a valer 9.500 dólares un año y siete meses después. Tenía 14.500 acciones en el sistema, con lo que mis acciones valían más de 137.000.000 dólares. Eso se sumaba a lo que había ganado con Shiba Inu, otro proyecto en el que había invertido.

¡Creía en mi sueño!

Puse todas estas fichas sobre la mesa y dije: "Voy a dar todo lo que tengo por mi sueño, y Hex va a llegar a un dólar".

Un año y siete meses después, el máximo histórico de Hex era de 0,57 dólares. Pasé de 0,0003 dólares a 0,57 dólares, lo que supone un rendimiento de 1,900x. Y eso sin incluir las apuestas, porque cuando apuestas, ganas más Hex.

Wallace Wattles habla de la "materia pensante de la que están hechas todas las cosas": un pensamiento. Planté el pensamiento de ser multimillonario y escribir libros en 2017, cuando estuve a punto de perder mi empresa. El número de teléfono de nuestra empresa seguía activo, pero llegó un momento en que nadie contestaba a las llamadas, y el negocio iba un poco lento porque la economía no estaba en recesión. No teníamos que preocuparnos de que nos llamara un número abrumador de clientes.

Cuando estaba en California, conseguía uno o dos clientes y se los enviaba a mi hermano, porque él seguía en el negocio de la modificación de préstamos. Mientras tanto, me pasaba el tiempo escuchando a John Kanary y Bob Proctor, iba a Venice Beach y a Santa Mónica, y luego volvía a mi casa. Seguía escuchando el mismo vídeo. Bob sale en él y cita a Napoleon Hill: "Si puedes concebirlo y creerlo, debes conseguirlo".

Hay una diferencia entre desear una cosa y estar preparado para recibirla. Nadie está preparado para una cosa hasta que cree que puede adquirirla. Hay que creer en ese estado mental.

Creer no es una esperanza o un deseo; tienes que saber que es verdad. Yo creía que iba a ganar 50 millones de dólares. Iba a encontrar el próximo Bitcoin. Así que lo primero que hice fue escribir:

Estoy tan feliz y agradecido ahora que tengo una propiedad frente a la playa. Estoy tan feliz y agradecido ahora que he conseguido 50 millones de dólares en criptomonedas. Estoy muy feliz y agradecida ahora que tengo una buena relación.

Anoté todo esto en mi carpeta porque sabía que la clave para manifestar era escribirlo y ponerle una fecha.

Al cabo de un par de días, recibí la llamada de un amigo de Suiza diciéndome que tenía que ir a verlo. Así que me preparé para ir a Suiza. Sabía que 10 millones de Hex valdrían mucho dinero en el futuro y quería viajar. Me dije que iba a empezar a sentir y actuar como si ya tuviera mis 50 millones.

Entonces, ¿qué hice? Pensé en subirme a un avión. ¡Aunque nunca había estado fuera de Estados Unidos! Lo más lejos que había estado era Cancún, México. Nunca había viajado a otra parte del mundo. No sabía cómo era Europa.

Así que me subí a un avión y fui a visitar a mi amigo a Suiza, y luego cogimos un tren a Milán, Italia. Me quedé con mi amigo en Italia durante una semana antes de volver a Zúrich en tren.

En el tren, la gente tosía. Yo también tosía y empezaba a sentirme mal. Algo iba mal.

Al día siguiente, salí para volver a California. Llegué a California y seguía sintiéndome mal. Me sentía como si estuviera resfriado. Me sentía muy mal. Algo me decía que tenía que irme de California. Hice caso. Empaqué todas mis cosas. Dejé el coche en mi apartamento con Ed y volé a Chicago. Arreglé mi casa. Aún me quedaba una casa. Estaba haciendo una modificación del préstamo de mi propia casa porque no tenía dinero para pagar la hipoteca.

Había estado tan centrado en mi plan de criptomonedas que cogí el dinero destinado a mi hipoteca y compré Hex con él. Ya llevaba un año y medio de retraso en los pagos de la hipoteca, que eran de unos 1.600 dólares al mes.

Johnny, que trabajaba conmigo modificando préstamos hipotecarios, me había ayudado a avalar la casa. Comprendió por lo que estaba pasando y cuál era mi objetivo.

Me dijo que no pasaba nada si me retrasaba con la casa, pero que me asegurara de que salía adelante. Le dije: "Johnny, esto va a salir bien. He encontrado algo". Me preguntó qué y le dije: "Es una criptomoneda llamada Hex". Me preguntó cuánto había metido y le dije que había metido todo mi dinero: 25.000 dólares. Le dije que quizá él también debería meter 15 ó 20.

Me dijo: "No, parece complicado. Sólo tienes que pagar la casa. No sé cómo, pero tienes unos seis meses para pagarla".

Así que allí estaba yo, en Chicago, intentando hacer algo para pagar la casa. Esto fue a principios de marzo, todavía hacía mucho frío en Chicago. El bloqueo por coronavirus estaba activado, y en la radio nos decían que no saliéramos de casa.

Tenía que volver a California para recoger mi BMW. Jeff estaba en California y yo en Chicago. Así que, aunque me sentía mal, me fui a California a recoger mi coche. En el viaje de vuelta a Chicago, empecé a sentirme mejor. Sabía lo que estaba pasando porque lo había visto en Italia. Vi a mucha gente en el Starbucks de Milán, y todos estaban enfermos. Sabía que este virus se estaba extendiendo por todo el mundo y que los países europeos se habían cerrado.

Después de eso, decidí que no quería vivir en Chicago porque hacía mucho frío y no quería volver a enfermarme. Decidí irme a casa de mi madre en México. Intentaba liberarme de lo que se consideraba normal, y desde luego no quería ningún estrés.

Todavía pendía sobre mí el pago atrasado de la hipoteca. Pero me negué a decirme a mí mismo que estaba endeudado. Empecé a decirme a mí mismo que yo era un banco, no que necesitaba un préstamo de un banco. "Soy un banco. Así que, si necesitas un préstamo, llámame". Y me adentré en este mundo en el que, si le hubiera dicho a alguien lo que pensaba, ¡pensaría que estaba loco porque estaba muy endeudado!

Cogí los 25.000 dólares, junto con el poco dinero que tenía de una de las propiedades. Para entonces, sólo me quedaba una propiedad, y en esa única propiedad debía casi dos años de pagos atrasados. La voz de mi cabeza decía: "*¿Cómo puedes decir, con tu mente racional, que eres un banco? ¿Cómo puedes decir que eres rico y feliz, que gozas de buena salud y viajas por el mundo si debes dos años de tu casa, tomaste 25.000 dólares y compraste esta criptomoneda sin saber si llegará a un dólar? ¡Sé realista, Ross! Esto es como ir a la lotería y poner todas las fichas sobre la mesa... en la ruleta rusa, ¿verdad?*"

Llamé a uno de mis amigos, Ryan, que también estaba metido en Hex y que me había ayudado a crear mi cuenta de MetaMask. MetaMask es una aplicación que es como una cartera virtual. Le pedí a Ryan que me acompañara a casa de mi madre en México. Ryan trabajaba en una empresa que, durante el coronavirus, dijo a todo el mundo que podía trabajar desde casa. Así que Ryan tomó su portátil y decidió trabajar desde México, desde casa de mi madre. ¡Eso todavía era trabajar desde casa!

Por el camino, miramos nuestras cuentas de Hex e hicimos planes. Nos adentrábamos en esta fantasía pensando que ya no tendríamos que trabajar en el mundo empresarial; estaríamos establecidos de por vida.

Pero había un gran problema. Mi madre ni siquiera tenía Internet. Así que teníamos que ir a la biblioteca pública del pueblo para utilizar Internet. ¡Trabajando desde casa!

De algún modo, la empresa de Ryan pudo seguirlo con el GPS; descubrieron que estaba en México. Lo llamaron y le preguntaron si estaba en México. Ryan les dijo que estaba trabajando desde casa de la madre de su amigo. El agente le dijo: "No puede salir de Estados Unidos con ese portátil. Señor, tiene que devolvernos el portátil. Y está despedido".

Así que ahora Ryan no tenía trabajo, pero sí un montón de Hex, y yo también.

Ryan era de Ohio, y tuvo que conducir hasta allí para devolver el portátil. Yo me quedé en casa de mi madre. Entonces, de la nada, recibí una llamada de una chica del Reino Unido que me dijo que sabía que yo había estudiado con Bob Proctor y que Bob era mentor de su empresa de marketing de redes. Me preguntó si tal vez me gustaría trabajar con su empresa.

Le dije: "He probado el marketing de redes en el pasado, pero nunca me ha funcionado. Pero quizá sea algo que pueda estudiar".

Me dijo: "Bueno, quizá deberías venir al Reino Unido". Le dije: "Me voy a Chicago la semana que viene. ¿Podemos hablar? Podemos organizar una reunión".

Ella contestó: "Sí, es genial".

Un par de días después, volví a Chicago. Concertamos un encuentro. Empezamos a hablar de lo que ella hacía y de lo que yo hacía. Me dijo que podríamos trabajar juntos y que quizá debería ir al Reino Unido. Le dije que no tenía amigos en el Reino Unido, que ella era la única persona que conocía allí.

A la semana siguiente, estaba en un avión hacia el Reino Unido. No tenía dinero porque todo mi dinero estaba en Hex, y Hex creció un poco, así que mi cuenta era de unos 50.000 dólares. Estaba contento porque mi dinero se había duplicado. Pero cuando apuestas Hex, no puedes retirar el dinero hasta pasado cierto tiempo. Así que todo mi Hex estaba apostado. Es como un CD, un certificado de depósito. Prometiste guardar ese dinero, así que no puedes sacarlo. Pero todo lo que oía era: "Ven al Reino Unido, ven al Reino Unido". Estaba muy emocionado.

El tiempo había pasado mientras yo estaba en México. Ya no hacía frío en Chicago porque era verano. Me fui al Reino Unido en julio de 2020. Me fui porque realmente quería vivir en Europa. Pero en aquel momento me era imposible volver debido al coronavirus. No sólo eso, sino que le decían a la gente que no importaba si hacía calor o si era verano, que debían quedarse en casa. Y estaban encerrados. No podías hacer lo que quisieras.

Y pensé: *No puedo vivir con miedo. Voy a liberarme de esto. Necesito salir del sistema. Necesito escapar de la mentalidad de pobreza o de la preocupación por pagar esta casa. Esta casa se pagará de alguna manera, y a mi amigo Johnny le parecerá bien. Todo se arreglará.*

Mi padre alquiló parte de su casa a un tipo llamado Hugo para obtener unos ingresos extra. Hugo era muy amigo de mi padre; era como de la familia. Cuando necesité dinero para un vuelo, Hugo le dijo a mi padre: "Le prestaré a tu hijo 1.500 dólares, y puede devolvérmelos cuando se ponga en pie. Sé que me los devolverá".

Mi padre me dijo que ahora era mi oportunidad. Así que acepté pedir prestado el dinero y depositarlo en el banco.

En el banco, tenía una tarjeta de débito, pero por alguna razón, la transacción no se realizaba. Me agobié; tenía miedo y me sentía como si estuviera saltando de un avión. Por suerte, mi madre fue a su banco Chase e ingresó el dinero en su cuenta.

Intenté utilizar su cuenta, pero seguía sin dejarme comprar el vuelo. De algún modo, mediante la autenticación de dos factores y mostrando su DNI, mi madre pudo hacerlo. Siguiendo todos estos protocolos, pude conseguir un vuelo a mi nombre para ir al Reino Unido al día siguiente.

¡Al día siguiente! Vaya.

No sé si eran sentimientos encontrados:miedo, alegría, emoción, preocupación. Eran tantos los sentimientos que tenía al subir a ese vuelo. Incluso estaba confundido y me preguntaba: ¿Qué estoy haciendo?

Fui a casa de Johnny y cogí la ropa que pude, porque en realidad no vivía allí. Vivía en California, pero también en México. Incluso fui una semana a Europa, a Suiza y a Milán.

En Europa, sentí algo que no era normal; sentí que quería quedarme allí.

Lo que sentía no era normal, pero era un buen lugar para estar. Al mismo tiempo, las condiciones eran diferentes debido al cierre por coronavirus. Pensé: *"¿Quién va a controlarme? Yo me controlo a mí mismo y lo que hago. ¿Cómo podría controlarme la televisión? Puede que haya un virus, pero no puedo dejar que esto me impida crecer. Necesito crecer."*

En el Reino Unido, me pareció que, de repente, había aterrizado allí con una diferencia horaria de seis horas. Estaba desorientado y no estaba seguro de lo que pasaba. Entonces me di cuenta de que tenía un amigo que vivía en el Reino Unido, Ozzy. Llamé a Jeff para que me diera el número de Ozzy. Ozzy se reunió conmigo en una gasolinera y me preguntó: "¿De verdad quieres volver a Chicago?".

Le dije: "No". Como Ozzy era agente inmobiliario, me dijo que podía conseguirme un apartamento compartido por 500 libras esterlinas al mes. La verdad era que no tenía las 500 libras esterlinas. Lo primero que se me ocurrió fue que mis padres me ayudarían. Pero entonces una voz me habló al corazón. Me di cuenta de que en ese momento había perdido de vista la Ley de la Atracción, porque sentía que tenía que correr a pedir ayuda a alguien. Al mismo tiempo, sabía que la Ley de la Atracción funcionaba porque aún tenía Hex. Seguía teniendo la visión de que HEX llegaría a un dólar.

También sabía que, de algún modo, todo se arreglaría, porque mi amigo Johnny, que había sido mi mentor, seguía estando bien con el hecho de que debía dos años por la casa. Me había preguntado cuánto tiempo necesitaba y le dije: "No lo sé".

Por aquel entonces, vivía en el Reino Unido. Algunos días me limitaba a pasear. Iba a Hyde Park y miraba los gansos y los patos junto al agua, y los cisnes en el lago. También fui al palacio de Buckingham.

Me encantaba porque el sistema de trenes estaba muy organizado. Me estaba poniendo muy sano porque iba caminando a todas partes. Muchos estadounidenses no lo hacen. No van caminando porque están acostumbrados a subirse al coche para ir a por su café. Pero yo iba caminando a todas partes, ya fuera a por mi café o para ir al gimnasio.

Me reuní con Lana, que me presentó a gente que trabajaba en su empresa de marketing, entre ellos Vincent. Vincent fue alguien que realmente me inspiró, y me llevó a todas partes. Me llevó a la Marina Real, a Greenwich, donde están los barcos, donde está atracada la flota británica de buques de guerra, mostrando cómo los británicos tenían su imperio y dominaban los mares. Me llevó a la Academia Real, donde está la gente de la Marina, y yo fui a la ciudad de Greenwich. Pasaba el rato con él en Greenwich y en Muswell Hill. Allí hay una iglesia antigua preciosa.

Tenía amigos. Tenía un apartamento. De hecho, ¡estaba viviendo en el Reino Unido!

CAPÍTULO 6 PREGUNTAS DE ESTUDIO

1. ¿Cómo equilibras la confianza en el tiempo divino mientras te mantienes centrado en tu manifestación?

   _____

   _____

   _____

2. ¿Has experimentado alguna vez que una manifestación se produzca más deprisa o más despacio de lo esperado? ¿Qué crees que influyó en el momento?

_____

_____

_____

3. ¿Crees que el tiempo es una ilusión cuando se trata de manifestar tus deseos? ¿Por qué sí o por qué no?

_____

_____

_____

4. Cómo puedes ser paciente y mantener una vibración alta mientras esperas que se manifiesten tus deseos?

_____

_____

_____

SIGUE LAS LEYES

¿Cómo se produce todo este cambio? Ocurre mediante leyes, como la ley de la gravedad. Para cambiar tu vida, necesitas aprender las leyes universales:

- La Ley de la Transmutación de la Energía
- La Ley de Vibración y Atracción
- La ley de la Polaridad
- La Ley del Ritmo
- La Ley de Causa y Efecto
- La Ley de Género

La Ley de la Transmutación de la Energía

Interpreto la transmutación perpetua de la energía como un rayo de luz que siempre está llegando a ti, como un aura. No tiene polaridad: ni positiva ni negativa, ni buena ni mala. Simplemente es. No puedes ver esta luz como ves la luz del sol; sólo puedes sentirla como sientes la emoción del amor.

La energía cambia constantemente de forma, de la luz al calor, de la electricidad al sonido. La energía puede transformarse de innumerables maneras. Transformación perpetua. Esta energía es una sustancia creativa que busca convertirse en física. Trabaja a través de ti.

Imagínatelo.

Está trabajando a través de ti para convertirse en una realidad física a través de tus imágenes, tu visión de la vida que te gustaría tener.

Lo difícil de comprender la transmutación de la energía es que, o controlas la imagen, o dejas que otros la controlen. A lo largo de cada día, la televisión y otros medios de comunicación controlan las imágenes de nuestra mente, moldeando nuestra realidad fisiológica. No llegamos a ninguna parte debido a las imágenes que introducimos, permitiendo que otros dirijan nuestro rumbo. ¡No escuches las opiniones de los demás cuando se trate de tu propia vida!

Tenemos fácil acceso a Internet, a la televisión y a los pensamientos que entretenemos a lo largo del día. Aunque no parezca que estén creando nuestra realidad, a medida que pasan las semanas y los meses, esas imágenes empiezan a manifestarse en nuestro mundo.

He aquí un ejemplo: Estaba con mi amigo Jeff en Hollywood, y nuestro amigo Johnny había venido de Chicago de visita. Estábamos conduciendo y hablando de la época en que todos trabajábamos juntos en una empresa hipotecaria en 2005, y de cómo Johnny se había comprado un Lexus Coupé gris. Mientras rememorábamos aquel Lexus, giramos a la izquierda, luego a la derecha, y allí estaba: ¡el Lexus Coupé exactamente del mismo color! Estaba allí a los cinco minutos de hablar de él.

Cuando piensas en ti mismo como alguien feliz, sano y rico, si te aferras a esa imagen con tus facultades superiores, como la fuerza de voluntad, y la afirmas a lo largo del día, esas afirmaciones se convierten en tu vida. Esto es verdad. La energía que llena el universo busca tomar forma, procedente de una sustancia sin forma.

Es como ser un alquimista. Leonardo da Vinci era alquimista. ¿Qué es la alquimia? Es tomar elementos básicos y combinarlos para crear algo nuevo, como un nuevo elemento o compuesto. Personas como Franz Mesmer, Benjamin Franklin y Leonardo da Vinci aprovecharon algo atemporal, una energía que siempre ha estado aquí.

Cuando hablamos de energía, no se trata de un solo tipo, sino de varios tipos combinados.

Si miras un coche y te preguntas qué lo ha fabricado, te das cuenta de que las mismas sustancias están en la tabla periódica, pero en combinaciones diferentes.

Piensa en tus vasos sanguíneos, arterias y venas. Hay una vasta red de venas por todo tu cuerpo. Esta energía es inteligente, e interactúa con otras energías para manifestar tu visión. La energía de distintas frecuencias se combina para formar nuevos tipos de energía. Por eso tenemos cosas como un Lexus Coupé o un smartphone.

Cuando estaba en California, leyendo *La ciencia de hacerse rico*, de Wallace Wattles, sentí como si mantuviera una conversación con una inteligencia infinita. Podía sentir la energía que recorría mi cuerpo. Como diría Bob Proctor:

"Viene de arriba hacia abajo, y luego aparecen las imágenes. Esas imágenes se proyectan hacia adelante, pero también se atraen como un imán, como si una estación de televisión las estuviera transmitiendo. Todo está al revés y al derecho, y de adentro hacia afuera."

Así pues, la energía entra, sale y también tira hacia dentro. Piensa en ello como si comiéramos frutas, bayas y plátanos: la energía de la tierra y del sol se transforma en nuestro cuerpo. Consumimos la vida creada por el sol y la tierra.

Esta energía no sólo está en nuestra comida, sino también en lo oculto. La obtenemos en lo físico, directamente del sol, y también la comemos, pero también está en lo invisible. Creamos estas imágenes en nuestra imaginación, y ellas conforman nuestra realidad.

La Ley de la Atracción

En realidad, la ley de la atracción forma parte de una ley mayor llamada ley de la vibración, que afirma que todo está vibrando, en constante movimiento. Todo vibra a su propia frecuencia, creando ondas que viajan por el espacio vacío. Estas ondas de energía llenan todo el espacio y todo lo que hay en él. Como dijo Wallace Wattles, esta energía es la energía del pensamiento.

La gente intenta comprender cómo trabajar con la ley de la atracción, pero a menudo no capta lo que realmente es. La ley de la atracción es en realidad una ley secundaria que procede de la ley de la vibración, que afirma que todo vibra y nada reposa.

Pienso en ello como vibraciones que crean ondas de energía, como el sonido. Y cada sonido tiene una frecuencia, igual que cada emoción. Yo relaciono la ley de la vibración y la ley de la atracción con una película. Cuando ves una película, no sólo te excita la imagen, sino también la banda sonora. La banda sonora imita la emoción de lo que estás viendo. Por ejemplo, si estás viendo una película de miedo como Halloween, la música de piano te intriga, te hace entrar en un estado de misterio.

Cuando pienses en tu objetivo o en la vida que quieres, pon una canción que te recuerde esa vida. Esa canción es como una frecuencia. Puede que ahora mismo no estés en esa frecuencia, pero a medida que sigues escuchando la canción y visualizándote como la persona en la que quieres convertirte, empiezas a cambiar hacia esa realidad.

Dite a ti mismo que ya te has convertido en esa persona porque nada se crea ni se destruye. Todo lo que quieres ya está aquí.

Este pensamiento desplaza tu realidad más cerca de tu objetivo. Pero tienes que creerlo. Napoleón Hill dijo: "Hay una diferencia entre desear una cosa y estar preparado para recibirla. Nadie está preparado para una cosa hasta que cree que puede adquirirla. No se requiere más esfuerzo para exigir abundancia y prosperidad que para aceptar la miseria y la pobreza".

Así es.

El estado mental debe ser de creencia, no sólo de esperanza o deseo. Tienes que creerlo consciente y subconscientemente.

También tienes que comprender que eres un creador, con capacidades dadas por Dios para ver, oler, saborear, oír y tocar: tus facultades físicas. Luego están tus facultades superiores, en las que quieres vivir. Éstas son:

- Imaginación
- Voluntad o concentración

- Razonamiento

- Intuición

- Memoria

- Percepción

Ésta es mi interpretación de las zonas de atracción invisibles, las zonas de tu mundo que no puedes ver.

Bob Proctor hablaba a menudo de Semyon Kirlian, pionero de la fotografía Kirlian. En los años 30, una forma de fotografía que podía captar la energía que salía del cuerpo de alguien. Esta energía es inteligente, y tu trabajo consiste en controlar las imágenes en las que piensas, porque esas imágenes se convertirán en tu realidad física.

Cuanto más estudies la ley de la atracción y las leyes universales, más comprenderás y creerás en ti mismo. A medida que escribas un plan y trabajes para conseguirlo, empezarás a ver cómo se manifiestan tus objetivos.

Cuanto más estudies la ley de la atracción y las leyes universales, más comprenderás y creerás en ti mismo. A medida que escribas un plan y trabajes para conseguirlo, empezarás a ver cómo se manifiestan tus objetivos.

La criptomoneda es muy volátil, pero mi deseo se hizo realidad en poco tiempo. Manifesté 50 millones de dólares más rápido que los 1,75 millones que gané con el trabajo duro tradicional. Ganar 1,75 millones de dólares me llevó cinco años, pero alcanzar el objetivo de 50 millones de dólares y poseer una casa frente al mar sólo me llevó un año y siete meses.

¿Cómo lo hice?

Lo hice no escuchando a nadie más que a mí mismo. Mi amigo Jeff me dijo una vez: "Tenías un negocio, pero estás dando dos pasos atrás. Lo entiendo, pero ¿por qué no vienes a trabajar conmigo?". Por aquel entonces, vivíamos en el mismo apartamento en California.

Le dije: "Tengo que seguir leyendo *La ciencia de hacerse rico* porque ahí hay un secreto".

Jeff dijo: "Sé que no paras de hablar de esto, pero no es normal quedarse en casa todo el día y leer ese libro una y otra vez". No lo entendía.

Así que, cuando encontré Hex, le hablé de mi inversión. Le dije que sabía que iba a ser grande.

Y cuando llegó mi cumpleaños, estaba más interesado en la visión de mi vida futura que en celebrar mi cumpleaños. Jeff me dijo: ", no tienes vida. Lo has dedicado todo a esto. Estás perdiendo la cabeza, Ross. Te conozco desde hace más de 15 años y esto no es normal. No puedes hablar con mi novia de coches voladores; pensará que estás loco. Sé lo que dirás: "Habrá coches voladores dentro de 20 años". Pero no puedes explicarle la ley de la atracción. Ella ha oído hablar de Bob Proctor, pero no lo entiende a ese nivel. Ross, ya estás perdido en esto. Estás en otro nivel, y ella se asustará, preguntándose qué clase de amigos tengo. Así que tienes que reaccionar, vamos por una cerveza y seamos normales."

Le dije que no iba a tomar una cerveza, que tenía que quedarme en casa y terminar el libro. Se dio por vencido y se marchó.

Dos semanas después, Jeff consiguió su propio apartamento porque ya no quería juntarse conmigo. Bueno, no es que él no quisiera juntarse, pero estaba en una frecuencia diferente.

Cuando llegué a los 100 millones de dólares y compré la villa, Jeff tuvo que verla por sí mismo. En 2021, visitó España. Seguía con la misma novia, y ella se quedó alucinada p o r q u e los recogí en un Mercedes AMG G-Wagon. No se lo podía creer. Añádele mi chalet de un millón de dólares, mis prósperas inversiones en criptomonedas... todo lo que les dije se había hecho realidad, sólo un año y siete meses después. Mientras tanto, Jeff y su novia seguían trabajando. Y aquí estaba yo, despertándome cuando quería, viajando de un lado para otro a Chicago.

Tres meses después de aquella visita, Jeff volvió a España y me pidió que le prestara 300.000 dólares. Le dije que no podía hacerlo porque estaba llevando un barco muy apretado y eso me haría descarrilar. "Lo siento, pero no puedo prestarte el dinero", le dije.

Andrew Carnegie le dijo a Napoleón Hill: "Cualquier idea que se enfatice, ya sea temida o venerada, y se lleve a la mente subconsciente, empezará inmediatamente a formarse en la realidad física."

Cualquier idea, no tiene por qué ser tuya. Puede venir de un amigo, de la televisión, de cualquiera. No tiene por qué ser una idea positiva o negativa.

Cuando miro atrás en mi vida, veo que no he cambiado. Mi mundo exterior ha cambiado, pero yo seguía leyendo libros, seguía creciendo, seguía conectándome con la ley de la atracción. Y cuando me conecté, de verdad me conecté. Era como si metiera la cabeza en esta sustancia sin forma. Era como una planta en crecimiento. La tierra es el subconsciente. Ahí es donde la planta obtiene su nutrición. Metí la cabeza en el subconsciente porque quería oír lo que tenía que decir.

Había buscado otro camino. No quería seguir a los demás. No quería dirigir una empresa y estresarme por los clientes, los pleitos, las defensas contra las ejecuciones hipotecarias y las modificaciones de préstamos. La lista era interminable.

Llevaba años trabajando en expedientes de préstamos hipotecarios. Me cansé de hacerlo No hay garantías en la vida. Puedes perder tu casa, tu coche, incluso a tu familia. Así que no podía garantizar a nadie que salvaría sus casas.

Intentaba ayudar a la gente a crecer, pero no obtenía resultados. Bob Proctor me dijo: "Si no haces este entrenamiento, vas a criar niños flacos. No va a funcionar como tú quieres. Y eres consultor de nuestra empresa, así que tienes que prosperar en este negocio".

La regla es: cuando das, recibes. Mucha gente no cree que vaya a recibir. Pero yo soy un dador. Le di el secreto a mi hermana. Le di el secreto a Jeff. He compartido este secreto con mucha gente. Muchos lo dieron por sentado, y también me dieron por sentado a mí. Pero mi vida siguió creciendo. Y sigue creciendo.

Y mi cuenta bancaria sigue creciendo. Sigo haciendo crecer mis activos. Sigo haciendo crecer mi mente, mi sistema de creencias. Esas personas vinieron a mí cuando alcancé un nivel superior. Cuando pasé de 1,75 millones de dólares a 100 millones, todo el mundo se quedó boquiabierto. Decían: "¡Dios mío, este tipo está en otro nivel! Yo no he tocado ese nivel. No sé lo que se siente al ingresar cincuenta o cien millones de dólares al mes".

Para mí, la parte más importante de todo esto fue estudiar el material y seguir creyendo que funciona. Porque una vez alcanzas tu objetivo, sobre todo cuando ganas 100 millones de dólares, te compras un Ferrari, un Mercedes y una villa, y puedes despertarte cuando quieras a los 40 (yo tenía 39 años entonces).

Pero jubilarme a esa edad no tenía sentido para mí. Pensé en escribir un libro. Incluso cuando vivía en California, no tenía ni idea de que llegaría a ganar 100 millones de dólares. Lo que me inspiró fue Wallace Wattles; él me inspiró a subir mi meta.

En *La ciencia de hacerse rico*, Wallace Wattles escribe: "Hay una materia pensante de la que están hechas todas las cosas". Cuando leí eso, miré a mi alrededor en mi apartamento del oeste de Hollywood, donde vivía con mi amigo. Vi los arándanos, las nueces, el café y el plátano. Pensé en Leonardo da Vinci y en cómo, en la película Hudson Hawk, Bruce Willis recoge secretos que Leonardo dejó atrás, entre ellos una machina de oro, una máquina que fabrica oro. Halcón Hudson roba en el Vaticano y en otros lugares para desbloquear la máquina de oro. Vi la máquina de oro como mi deseo, y mi deseo era ganar 50 millones de dólares, que acabé superando. Sabía que Leonardo da Vinci era alquimista y que los alquimistas pretendían convertir el plomo en oro.

Pensé en las nueces, los plátanos y otros alimentos. Me pregunté: ¿Por qué necesita esto mi cuerpo? Pensé en piedras, cristales, perlas y cuentas. Hay distintos tipos de cristales. Y si esta inteligencia está en todas partes, entonces está en los cristales y en los alimentos que como. La uso y la como. ¿Qué grandeza tienen nuestras mentes y pensamientos?

La diferencia entre la energía de un cristal y la de un plátano es que su inteligencia ya está desatada. Ya está ahí. La diferencia entre tú y ese cristal es que tú puedes crear realidades ilimitadas, vidas ilimitadas. Puedes desplazarte y cambiar como un camaleón, alterándote desde dentro y empezando a cambiar tu mundo exterior.

Intentaba comprender todo aquello. Al principio parecía complicado, pero pronto lo entendí con más claridad y empecé a creerlo. Ésa fue la parte interesante: no fueron las leyes las que cambiaron, sino yo. Empecé a creer.

Empecé a decir con creciente convicción: "¿Y si pudiera aumentar mis ingresos a través de la criptomoneda?".

Tenía que utilizar algún enfoque lógico. En mis pensamientos, volví a lo que Andrew Carnegie le dijo a Napoleon Hill. En Cómo elevar tu propio salario, Hill habla de la fuerza cósmica del hábito. Carnegie dijo: "Sé que estás intentando averiguar cómo funciona todo. Miramos a Isaac Newton, cómo descubrió la gravedad, y sabemos que todo funciona en su orden natural". Pero no sabemos cómo funciona todo, cómo se hacen realidad tus deseos cuando los impulsa la intención. No lo entendemos del todo, pero estamos empezando a hacerlo. Forma parte de la ley de vibración y atracción.

Mi explicación de cómo funciona es que el suelo, la tierra, es como el subconsciente. Tu mente es la semilla. Tus pensamientos crean la imagen, y tu trabajo es crecer, porque así lo dice la ley de la naturaleza. Bob Proctor diría que estás creciendo o muriendo, creando o desintegrándote.

Muchas personas no crean porque se han rendido o han hecho caso a los demás. El subconsciente no conoce la diferencia entre un céntimo y un millón de dólares. Si eso es cierto, ¿por qué ir por un céntimo?

¿Por qué no ir por un millón? ¿O 50 millones?

Eso es lo que decidí. Después de alcanzar ese objetivo, pensé *"No creo en las limitaciones"*.

Me fijé un nuevo objetivo.

La Ley de la Polaridad

Permíteme explicarte la ley de la polaridad. ¿Cómo interpretas esta ley? Yo la veo como energía que llega a ti sin forma: energía pura, no adulterada, que busca tomar forma a través de tu atención enfocada. Aquello en lo que te concentras, bueno o malo, dirige esta energía pura que lo llena todo.

Tienes dos lados en el cerebro: un lado izquierdo y un lado derecho. Tu cerebro no es tu mente, pero representa la polaridad. La polaridad es la ley de los opuestos: cerebro, mente, hombre, mujer, bueno, malo, arriba, abajo, dentro, fuera. La energía pura no tiene forma. Te llega tanto si tu pensamiento es positivo como negativo. Tu pensamiento está polarizado, por lo que tu pensamiento no es sólo una fuerza. Tu pensamiento puede ser cualquiera de las dos fuerzas.

Cuando piensas, lo haces de una u otra forma, pero no de ambas. Por ejemplo, piensas en el pasado o en el futuro, y en cómo puedes llegar allí lógicamente, porque tiene que tener sentido para que funcione. Pero en realidad, no tiene por qué tener sentido. Esto es crucial.

Vuelve a leerlo: *No tiene por qué tener sentido.*

Necesitas dar sentido al caos de tu vida porque, sin orden en tus pensamientos, todo se vuelve caótico y no lo entenderás. Es como mirar un cuadro sin comprender lo que representa. Es un color diferente en el espectro, algo más allá del rojo, el amarillo o el morado. Es un color totalmente distinto.

Recuerdo que un amigo, que era alumno de karate, me preguntó: "¿Cómo has llegado a donde estás ahora? ¿Qué te impulsó?

Le dije: "Mira, en karate hay cinturones: negro, blanco, naranja o morado. Yo buscaba un cinturón amarillo y morado".

Otra analogía que añadiría es que es como jugar a Super Mario Brothers, un videojuego de los años 80 que ofrecía vidas gratis cuando seguías golpeando a la tortuga al final del nivel tres. Sabía que podía hackear la vida; tomar un atajo que ni siquiera sabía que existía. Sólo que no entendía cómo funcionaba.

Ahora sé un poco más. Sé que la energía intenta crear y cambiar de forma, convertirse en un cristal. El pensamiento se convierte en un objeto físico. La energía intenta cambiar y perfeccionarse, entrar en todo, porque está en todo.

Es como el agua. El agua no tiene forma propia; adopta la forma de su recipiente. La energía que llena el universo no tiene forma. Cuando creas una imagen en tu mente de lo que quieres, es como crear una jarra para contener agua. Cuando abres el grifo, el agua adopta la forma de tu jarra.

Ahora, volvamos a la historia.

Me dije: "Voy a llevar esa imagen de éxito en cripto a mi subconsciente, a la energía pura, y el subconsciente no la rechazará. Aceptará esa imagen como realidad, y se hará realidad".

Seguí centrando toda mi atención en estos pensamientos, y las cosas empezaron a cambiar a mi alrededor. Fue entonces cuando empecé a viajar al Reino Unido, Francia, España e Italia en 2020.

Es así de sencillo. No es complicado. La razón por la que lo complicaba era que sentía que algo no funcionaba. Me centré en lo que no podía hacer.

Tenía mi empresa, pero no era feliz. Me fui de Chicago a California sin tener dónde vivir, y luego conseguí un apartamento en Los Ángeles. Mis amigos pensaban que estaba loco porque necesitaba trabajar. No sabía lo que estaría haciendo 1,7 años después.

¿Perdona?

Tenía los libros *Piense y hágase rico* y *La ciencia de hacerse rico*.

Mi vida parecía estar contra la pared. Desde fuera, parecía que iba cuesta abajo. Mi empresa ya estaba fracasando. Había roto con mi novia. No tenía dónde vivir.

Pero tenía mis libros, mis pensamientos, y sabía que mi nueva vida estaba lista para expandirse.

Ya he mencionado antes que mi amigo Jeff pensaba que estaba fracasando. Había creído que no recibiríamos una llamada de Ed, el tipo que alquilaba el apartamento, y que no nos lo alquilaría. Pero le dije con confianza: "Va a llamar". A los cinco minutos, Ed llamó y lo conseguimos.

Después de mudarnos, Jeff iba a trabajar todos los días mientras yo me quedaba solo en el apartamento, leyendo y escuchando grabaciones. Jeff intentaba averiguar qué hacía yo todo el día. Yo leía a Wallace Wattles. Buscaba el cinturón amarillo y púrpura, buscaba la vida libre, creaba mi jarra única. Buscaba un nivel superior. Era un nivel, pero era un secreto. Buscaba el secreto, y entonces me di cuenta de que ya tenía el cinturón. Siempre lo había tenido.

¡Bingo! Se encendió la bombilla. Siempre lo había tenido.

¡Sí! Se iluminó la luz de la comprensión. ¡Estaba tan emocionado! Me reí a carcajadas, gritando en mi mente: ¡Espera! Amigo, ¡tienes el cinturón morado y amarillo! Y me respondí a mí mismo: ¡Sí, tienes razón! He ganado 1,75 millones de dólares. Antes trabajaba por 8 dólares la hora. ¡Ya soy millonario! Continué: "Sí, así que puedes ganar 50 millones de dólares en cripto. Eso no es ningún problema. Sólo tienes que escribirlo. Créetelo. Entonces pensé: Vale, ya no necesitas aprender nada más. No, ya lo tienes. Pero tienes que seguir yendo al gimnasio en tu mente. Sigue aprendiendo. Sigue estudiando.

Porque quieres asegurarte de que tu coche está pulido. Quieres asegurarte de que está reluciente. Quieres asegurarte de que tu mente está intacta. Incluso cuando la gente te dice que estás loco, quieres estar seguro.

Las apariencias importan. En cuanto conseguí un Ferrari y establecí una vida distinta de la que tenía en Estados Unidos, la gente empezó a creer en mí. Porque todos estamos programados para mirar al mundo exterior. Si alguien va con traje y corbata, se sentirá más atraído que si va con una camiseta vieja. Pero como dice Wallace Wattles, no puedes pensar siempre que las apariencias son demasiado importantes, porque podrías dejarte engañar por ellas. Piensa desde dentro. Puede haber actores y gente famosa que sean ricos pero no felices. Te están vendiendo una imagen.

Las Leyes del Género y el Ritmo

La ley del género es vital porque da vida a tu sueño.

Cuando plantas una semilla, como una semilla de manzana, en la tierra, la riegas y la alimentas, empieza a crecer. Pasa de ser una semilla a ser una planta diminuta. Podrías pisarla y matarla; aún no es un árbol. Si la cuidas y le prestas atención, se convertirá en un arbolito, luego crecerá y finalmente tendrás manzanas que podrás comer. Pero no tendrás manzanas el día que plantes la semilla. Necesita tiempo para crecer.

Es la ley del género. Todo necesita tiempo para crecer. La semilla tiene vida de sus padres, y si se planta, crecerá hasta convertirse en una planta que pueda alimentarte.

Lo tengo escrito de Genevieve Behrend. Recuerdo que Bob Proctor lo citó en el escenario en California. Me pareció muy profundo. Bob lo citó de su libro Tu poder invisible. En él, Behrend escribe: "Cuando pones estas causas invisibles en armonía con tu concepción, puedes hacer realidades prácticas de trabajo". Realidades significa que hay más de una, "...que actualmente no parecen más que sueños fantásticos".

Pensé en mi vida. Un sueño fantástico era lo que estaba experimentando en aquel apartamento yo solo. Estaba experimentando un sueño fantástico porque aún no era real. Existía en mi imaginación. Era real en mi mente. Pero escuchar a Bob Proctor y a John Kanary, saber cómo Jack Canfield escribía Sopa de pollo para el Alma, hizo que ese sueño fantástico fuera aún más posible.

Siempre intentaremos utilizar nuestra lógica, como hablaban Napoleon Hill y Andrew Carnegie. Siempre intentaremos utilizar la lógica para comprender cómo funcionan estas cosas. Pero no necesitas comprender todos los detalles.

Sólo tienes que poner en práctica tu imaginación.

Necesitas   practicar   tu   concentración.
Necesitas retener en tu mente la imagen de lo que quieres y de
cómo quieres que sea tu vida.

Y   lo   más   importante,   tienes   que   creértelo.
Creer, para mí, es como aferrarse a ese cinturón de
karate.

Creer es aguantar.

En el momento en que empecé a creer, todo cobró
sentido. La semilla había germinado.

Y antes de darme cuenta, di el gran salto. Es como dijo
Jesús: "Todo es posible, nada es imposible, pero hay que tener
fe y creer".

Cierto. Lo dijo hace 2000 años, pero sigue siendo relevante.

Así fue. Fue real para mí, aunque estaba contra la pared.

Como he dicho, mi hermana estaba haciendo sus cosas.
Todos los que conocía hacían lo suyo. o estaba centrado en mis
libros, intentando averiguar qué había ido mal en mi vida,
porque sabía que no había comprendido que la vida es un
camino con curvas. Pensaba que era un camino recto. No
entendía que había curvas por las que tenía que navegar.

Y   también   sube   y   baja.
Si algo no iba bien, pensaba ¿qué es? ¿Qué es lo que va mal?
Pero espera. Si tiene que ver con tus pensamientos, entonces no
estás pensando lo correcto. Nada está mal. Todo está bien.

En el momento en que empecé a tomar el control de mi
mente y del volante, vi una nueva realidad, un nuevo camino.
No quería desviarme demasiado del centro de esta nueva
carretera. Si la izquierda es negativa, la derecha es positiva.

Así que mi objetivo era aferrarme a esa rueda y dirigir, haciendo correcciones constantes.

Que te muevas a la derecha o a la izquierda significa que controlas tus pensamientos y prestas atención. Ésa es la forma correcta de pensar. Cuando me di cuenta de ello, también comprendí lo que Bob Proctor quería decir cuando afirmaba que no recordaba la última vez que había mirado una etiqueta de precio al ir de compras o comprar comida.

Un año y siete meses después, compraba cosas sin preocuparme por el precio. Ahora entiendo lo que Bob quiso decir en el escenario. Dijo que esos precios están ligados a sus pensamientos. Cuantos más pensamientos positivos tengas, más objetivos alcanzarás, más cambiarás, menos te importará el mundo exterior.

Tienes que preocuparte por cómo te vistes; esa es tu imagen de quién eres, con éxito o sin él.

Tienes que preocuparte de pagar la factura del agua y los impuestos.

Pero no vas a pensar como el 99% de la gente, y ésa es la diferencia entre ellos y yo. Puede que estén estudiando, pero no han estudiado como yo, porque yo he estudiado intensa y profundamente, utilizando lo que he aprendido para crear una nueva vida.

Tengo una carpeta que registra lo que quiero: mis objetivos. Y esos objetivos se han hecho realidad. Para mí, no es sorprendente. Así es como debe funcionar. Es la ley.

Permíteme profundizar un poco más en la ley del género. Me gusta la analogía de que la Tierra es la mente subconsciente. Quiero hablar de la estación de crecimiento. La ley del género afirma que conocemos el tiempo que transcurre desde la siembra hasta la cosecha de la sandía, el maíz y las patatas. Conocemos el tiempo hasta la cosecha.

Sabemos que el tiempo que tarda una mujer en tener un hijo es de unos 9 meses. Sabemos que el día tiene 24 horas.

Sabemos que hay una época para sembrar y otra para recoger, pero no sabemos cuándo. Las plantas lo saben. La época de la siega es para tu semilla espiritual, pero sabemos que habrá una época para que coseches tu semilla espiritual. Desde que siembras hasta que cosechas varía para cada forma de vida. Eso es lo que requiere valor: ser paciente y esperar la cosecha.

Mucha gente quiere cosechar inmediatamente y se frustra porque no tiene paciencia. Ahí es donde serás probado. Serás probado en la época de la siembra y la cosecha, que para el parto es de nueve meses. Pero la semilla espiritual que plantes puede tardar 10 o 15 años, según:

- Qué tan grande es tu objetivo
- Dónde está tu conciencia
- Dónde está tu vibración
- Lo bien que prestas atenci y controlas el coche.
- Lo que crees que es posible o imposible
- Lo que crees

Aquí es donde todo confluye, donde tienes que conquistarte a ti mismo. Tienes que comprender tus facultades superiores. Tienes que comprender las leyes universales.

Me gusta lo que dice Bob Proctor Cuando John Kennedy quiso enviar un hombre a la Luna, se lo pidieron a Wernher von Braun, un científico alemán. Wernher von Braun dijo: "No tenemos ninguna dificultad para enviar un hombre a la Luna, y podemos cronometrar el aterrizaje con la precisión de una fracción de segundo. La ley es precisa. Sólo necesitamos la voluntad de hacerlo".

No tenemos dos inviernos en el mismo año. Tenemos verano, primavera, otoño e invierno, ¿verdad? Tenemos cuatro estaciones, y tenemos noche y día. Tenemos 24 horas. Pero volviendo a la ley del género, no sabemos cuánto tardará tu semilla espiritual. Pero cuando escribas tu objetivo, pongas una fecha, lo firmes, lo memorices y pienses en él constantemente, ese objetivo, ese deseo, se manifestará en forma física.

Hay quien dice que, cuando murió Andrew Carnegie, abrieron su cajón y encontraron dentro su tarjeta de objetivos.

Dicen que cuando lo metes en el cajón, es como si lo enterraras en la tierra. No sé si es verdad, pero a mí me ocurrió porque manifesté el primer objetivo en la fecha que figuraba en mi tarjeta de objetivos. Repasé mis extractos bancarios y mi empresa ganó 1,75 millones de dólares, tal como había anotado. Todavía tengo ese cuaderno conmigo. Estaba en el cajón de mi madre. Así que, si es verdad o no, no lo sé. Pero sé que funciona; a mí me funcionó, dos veces, con cantidades y campos diferentes.

Incluso cuando escribí mi primer libro, me miraba al espejo porque eso es lo que Andrew Carnegie le dijo a Napoleon Hill: que siempre se mirara al espejo. Me miraba al espejo y me decía: "Soy un bestseller del New York Times. He vendido millones de libros".

Me digo a mí mismo que tengo éxito. La gente me escucha. A la gente le gusta lo que digo. Soy un líder. Doy buenos consejos. La gente me quiere y tengo buena información para ayudarles.

Recuerda que cuando dices algo, lo has creado. Las cosas que consigues en la vida pueden ser cosas que pensaste hace 10 años.

¿Crees que hay alguna forma de acelerar el tiempo? Yo diría que para acelerar el tiempo, necesitas ir a un lugar tranquilo y analizar dónde estás internamente. Debes estar apasionado, enamorado, incluso obsesionado con tu objetivo.

Porque eso es lo que hice. Cuando empecé a preguntarme: "¿Por qué haces esto?". me di cuenta de que quería aumentar mis ingresos y mi estilo de vida. Tenía algo que demostrar. Estaba en una misión. Era el tipo con un maletín, listo para ir a la iglesia temprano en la mañana.

Yo estaba allí, preparado, porque estaba estudiando todo sobre la ley de la atracción. Repasé el seminario "Naciste Rico" de Proctor cientos de veces. Se necesitan tres o cuatro días para pasar por ese seminario, y pasé tres o cuatro años en él, escuchando a John Kanary, Paul Hudsey y Bob Proctor. Escuchando a Napoleon Hill.

Sabía que si quería ser millonario o dar un salto cuántico, tenía que conocer todos los ángulos. Tenía que saber cómo encajaban las piezas.

Para llegar más rápido a donde quieres, debes comprender las leyes universales. Debes comprender tus facultades superiores: imaginación, voluntad, razonamiento, intuición, memoria y percepción. Luego debes comprender tus facultades inferiores y tus comportamientos habituales.

Debes ceñirte a actividades productivas, como escuchar una buena canción o pasear por el parque. Lo que yo solía hacer era ir al parque, ponerme los AirPods y escuchar *Naciste Rico* porque me ayudó a creerlo. Me ayudó a creer que podía ser esa persona, próspera.

Hasta entonces, había tenido distintos trabajos. Repartí leche en Starbucks, trabajé para una empresa de mudanzas, trabajé para UPS trasladando cajas en el instituto, vendí teléfonos, reestructuré hipotecas y trabajé para una empresa de marketing de redes llamada Primerica, vendiendo seguros de vida. Estas experiencias se detallan en mi primer libro.

Incluso intenté trabajar en la construcción, pero cuando tenía 19 años, mi padre me dijo que no me quedara en la obra. Estaban construyendo una torre enorme en el centro de Chicago, y tenían que cavar muy profundo. Miré hacia abajo y pensé: *Hombre, si me caigo, ¡estoy muerto!* Mi padre me dijo: "Esto no es para ti. Vete a casa".

Sólo sabía que quería una buena vida. Quería disfrutar de buena comida. Quería viajar. Hasta entonces, no había viajado mucho.

Tenía un amigo llamado José que trabajaba para una compañía aérea que volaba a Cancún. Tenían vuelos directos de Chicago a Cancún. Yo no tenía dinero para ir a Cancún, pero como él era técnico de aviones, me fui con él. Eran mis días de bancarrota. No tenía nada. Fui con José a Cancún y me alojé en un buen hotel, comiendo filete y langosta. José me dijo: "Mira, Ross, puedes quedarte con esto, pero tienes que ir a una escuela eléctrica y sacarte el título. Entonces podrás ser como yo".

Entonces le miré y pensé: *"¡Está viviendo la vida de verdad!"*.

Pero si cambias los papeles ahora, Podría contratar mi propio jet privado e ir a Cancún, ¿sabes?

Es curioso cómo cambia la vida. Lo que piensas es lo que obtienes.

Con quien te juntas es en quien te conviertes. Incluso fui a la escuela de electricidad que me recomendó José. Instalé sistemas de sonido para coches mientras trabajaba en Circuit City. Pero la escuela de electricidad era otro nivel. No tenía ni idea de lo que hacía. Intentaron que conectara cosas para pasar energía de un sitio a otro. Incluso creé una chispa. Dios mío, ¡podría haberme matado! No sabía lo que hacía. Trabajaba para un banco; ¿qué hacía en una escuela de electricidad?".

No quería trabajar en aviones como José. Pensaba que aquel tipo no tenía vida. Pero acabábamos de ir a Cancún, y me gustó la belleza del agua azul celeste. Quería los resultados, pero no quería ser como él. ¿Seguí en contacto con José? No, le perdí la pista. No estoy seguro de qué le ocurrió.

La ley del género es fascinante porque intentas averiguar cómo se manifestará algo en forma física.

La Ley del Ritmo

Todo en la naturaleza tiene un ritmo. Por eso existe la vibración. Es un movimiento circular, como un planeta que orbita alrededor del sol o un electrón que gira alrededor de un núcleo. Cada vez que completa un circuito, hay un ritmo de clic, clic, clic. Va y viene, pero forma parte de todo. Todo tiene ritmo y movimiento, siempre se mueve hacia delante y hacia atrás o en un movimiento circular. Nunca está en línea recta.

Incluso la luz que parece ir en línea recta viaja en realidad con un movimiento ondulatorio, moviéndose hacia delante y hacia atrás mientras avanza.

La Ley de Causa y Efecto

Lo que consideramos un efecto siempre tiene una causa. Si es positiva, procede de la fuente de energía, del infinito. Si es negativa, procede de nosotros, de nuestro interior.

Siempre somos nosotros y nuestra interpretación de lo ocurre. Cuando pienses que hay una causa y un efecto en tu vida, recuerda que tus pensamientos son siempre la causa. El efecto es cómo tus pensamientos cambian el mundo que te rodea. Nunca es culpa de los demás, y no eres sólo una víctima. Eres responsable de crear tus circunstancias.

Si parece que procede de otra cosa, tienes que ir a ese nivel superior y preguntarte: "¿Qué pasa conmigo que interpreto esto como su culpa?". o "¿Por qué me siento impotente o incapaz de controlar esto?".

La energía de la fuente es neutra -ni positiva ni negativa- y todo en la naturaleza está equilibrado. Por eso sopla el viento, para mantener el equilibrio. Si pensamos que el mundo exterior es negativo, no es cierto. El mundo exterior es neutro. Nos vemos como víctimas o impotentes debido a una imagen inexacta de nosotros mismos.

No somos impotentes ni víctimas. Somos poderosos. El poder que hay en nuestro interior es mayor que cualquier cosa que haya fuera de nosotros.

Estudia las leyes. Memorízalas. Repítelas a ti mismo.

Descubrirás, como me ocurrió a mí, que en poco tiempo cambiarás y crecerás de un modo que nunca podrías imaginar.

CAPÍTULO 7 PREGUNTAS DE ESTUDIO

1. ¿Cómo crees que funciona la Ley de la Atracción junto con otras leyes universales, como la Ley de la Vibración o la Ley de Causa y Efecto?

   _____

   _____

   _____

2. ¿Crees que alinearse con las leyes universales facilita la manifestación? ¿Por qué sí o por qué no?

   _____

   _____

   _____

3. ¿Cómo compaginas la acción inspirada con permitir que el universo trabaje en tu favor?

   _____

   _____

   _____

4. ¿Qué experiencias te han demostrado que las leyes universales están siempre en movimiento, incluso cuando los resultados no son visibles inmediatamente?

   _____

   _____

   _____

   _____

CAPÍTULO 8

¿ESTO ES PARA TI?

Volviendo a lo que he dicho antes, mi comprensión de cómo funciona la manifestación implica una especie de alquimia.

Se trata de la energía y de cómo se mueve y cambia.

Está ligado a tu sistema de creencias.

Se trata de lo que piensas.

Es una combinación de muchos elementos diferentes.

Tienes que comprender todos estos elementos. Porque si te digo que lo único que tienes que hacer es escribirlo y creerlo, y no entiendes por qué, perderás la confianza en el proceso. Perderás el sistema de creencias que necesitas para conseguirlo.

Por eso digo que implica alquimia, tu sistema de creencias, tus facultades superiores y tus facultades inferiores. No puedes tener una relación real y profunda con alguien que no entienda estos conceptos.

Por ejemplo, no puedes contratar a alguien que no sepa trabajar en un avión para que lo arregle. Necesitan una formación especializada. Deben entender cómo funciona el avión, cómo está construido y cómo encajan todas las piezas.

Esto es como ir a la escuela. ¿De verdad quieres esto?

Tienes que comprender todas estas leyes y ser capaz de explicarlas. Explica qué es la transmutación perpetua de la energía. Explica la ley de la vibración. Explica de dónde procede la ley de la atracción. ¿Qué son las frecuencias? ¿Qué es la ley de la polaridad? Describe qué significa la ley del género. Explica el significado de la siembra y la cosecha.

Piensa en esto: ¿Eres una persona paciente? Si no es así, esto no va a funcionar para ti. Lo siento. Esto es verdad. Esto no funcionará.

Puedes evaluarte en cualquier momento. Algunas preguntas que puedes hacerte son:

- ¿Eres humilde?
- ¿Tienes espíritu de gratitud?
- ¿Por qué estás agradecido en este momento?
- ¿Ayudas a los demás?
- ¿Tienes problemas de ira?
- ¿Te enfadas con facilidad?
- ¿Te ofendes fácilmente?
- ¿Te molesta que la gente coma delante de ti?

He estado en situaciones en las que estoy comiendo, y algunas personas están muy programadas para actuar de una determinada manera. No necesito comer con cuchillo y tenedor. Podría comer sólo con tenedor, pero también podría utilizar cuchillo y tenedor, como hacen en el Reino Unido.

Lo aprendí porque estaba acostumbrado a comer tacos en Houston. Estaba acostumbrado a comer tacos o una hamburguesa con las manos.

Eso es muy inaceptable en el Reino Unido. Países diferentes, costumbres diferentes, condicionamientos diferentes.

Si eres muy rígido, diría que esto no es para ti. Si te irritas con facilidad, esto no es para ti, no hasta que te relajes y aceptes las leyes como verdad. No hasta que tengas un ardiente deseo de aprender, crecer y prosperar.

Si quieres que las leyes funcionen para ti, tienes que abrirte. Tienes que aceptar a las personas por lo que son y por lo que hacen, y simplemente observar sin juzgar. Esto se aplica al 99% de las personas.

Quizá por eso muchas personas no consiguen sus objetivos, porque hay muchas cosas dentro de nosotros que pueden interponerse en el camino. Las distracciones.

Para comprenderlo, tienes que volver a lo básico. Es como aprender karate. Tienes que apuntarte a karate. Si nunca has estudiado karate, tienes que empezar por los estiramientos, porque vas a patear algunas cosas fuera de tu vida y a poner otras en movimiento.

Lo que pateas para ponerte en movimiento es la posibilidad de convertirte en algo a partir de la nada. ¿Y por qué digo nada? Porque la nada es como la tierra. No hay nada. No puedes comer tierra. La mente subconsciente es como la tierra. Tus pensamientos son semillas, y quieres plantar esas semillas en el suelo fértil de tu subconsciente.

Tus pensamientos son como una jarra, un recipiente en tu mente que se llena con el agua de la energía de la fuente.

Si tienes un pensamiento positivo, quieres aumentar ese cero, quieres añadir a ese cero pensamientos positivos. Así que quieres sumar 1 a 0, una y otra vez, hasta crear +10.

La mente subconsciente no tiene capacidad para rechazar. Debe aceptar. El cero no es ni bueno ni malo. Simplemente es. ¿Y si no tiene nada? Tu semilla, tu pensamiento, es 1. Añade tu pensamiento al cero.

Si intentas hacer crecer ese pensamiento, piensa que es como cuando Albert Einstein dijo E= mc2; lo simplificó. ¿Quieres simplificarlo tú también? Empieza a pensar en las leyes.

Toma tu pensamiento e imprímelo en tu mente subconsciente. Sigue haciéndolo cada día durante 365 días, y verás dónde estás el año que viene. Es un consejo sólido, ¡y funciona!

Así es como vivo mi vida, así es como veo las cosas, y así es como describiría todo lo que está ocurriendo, porque si utilizamos la tecnología, es algo similar. Hacemos llamadas telefónicas a través de frecuencias. Tenemos Internet. Utilizamos todos estos recursos, pero no siempre entendemos cómo funcionan. Funcionan según principios científicos probados que siempre son coherentes. Puede que no entendamos cómo aplicar estos principios a nuestras vidas. Pero tú puedes aprender.

Por eso no puedes predecir exactamente cómo será el futuro, pero puedes crearlo en tu mente. Piensa en las películas o los cómics. Los títulos y los personajes salieron de la imaginación de alguien. Alguien pensó en esas ideas. El Capitán América, Marvel, Harry Potter... son creaciones de la mente. Estamos creando constantemente, nos demos cuenta o no, sea intencionado o no.

Y no son sólo las películas. Teléfonos móviles, rascacielos, coches, incluso sillas y mesas. Todos existieron primero en la mente de alguien, y luego se hicieron reales mediante las mismas leyes.

Siempre estamos creando.

Las personas que no obtienen los resultados que desean no están pensando en la frecuencia de los resultados que desean.

Están en otra longitud de onda. Se distraen, juzgan, son demasiado analíticos o temerosos.

Están atascados.

Los libros que escribo son para ayudar a la gente a desbloquearse. Fíjate en mi vida: sólo soy un tipo normal de Chicago con amigos normales que quería elevar mi nivel. Quería ser el Michael Jordan de la ley de la atracción.

No digo que sea el Michael Jordan de la ley de la atracción, pero ése es mi objetivo: tomar lo que hizo Bob Proctor y lo que hizo Napoleon Hill y basarme en ello. Que la gente crea que es verdad o no, es cosa suya. Pero yo lo creo.

Si no lo crees, cree que yo lo creo. Y si yo puedo hacerlo, ¡tú también!

Napoleón Hill dijo que tu capacidad para crear tu realidad es directamente proporcional a tu nivel de creencia.

Te preguntarás: "¿Por qué hago esto?". La única forma de cambiar tu programa es mediante la repetición. Todo el mundo está programado. Todos tenemos programas. Yo sigo trabajando para cambiar más de mis programas porque siento o creo que aún puedo crecer en mi comprensión.

Mi objetivo es mostrar a los demás lo que es posible. Por eso utilizo analogías, porque intento explicarlo de la mejor manera posible.

Mi objetivo en mi crecimiento y cambio es llegar a ese lugar que James Allen describe en el último capítulo de As a Man Thinketh, el capítulo llamado "Serenidad". Llegar a un lugar de disposición tranquila. Respondes en lugar de reaccionar a tus circunstancias.

El lugar donde siempre ves las cosas bien y nada te perturba.

Al fin y al cabo, no es el entorno. No es la persona. Está todo dentro de nosotros. Dentro de ti y de mí.

Si quieres tener éxito, comprender las leyes probadas del éxito es vital.

Únete a mí y conviértete en la persona que siempre has querido ser: próspera, creciente y segura de ti misma.

CAPÍTULO 8 PREGUNTAS DE ESTUDIO

1. ¿Qué te atrajo inicialmente de la Ley de la Atracción, y resuena con tus creencias personales?

   _____

   _____

2. ¿Has notado algún cambio en tu mentalidad o realidad desde que exploras la Ley de la Atracción?

   _____

   _____

3. ¿Te sientes alineado con la idea de que tus pensamientos y emociones dan forma a tus experiencias? ¿Por qué sí o por qué no?

   _____

   _____

4. ¿Estás dispuesto a aplicar sistemáticamente los principios de la Ley de la Atracción, aunque los resultados tarden en manifestarse?

   _____

   _____

SOBRE EL AUTOR

Ross Garcia – Arquitecto de la Mentalidad, Estratega de la Riqueza y Fundador de la Universidad García

Ross Garcia es un autor transformacional, estratega de la riqueza, y mentor de mentalidad de talla mundial, cuya vida es un testimonio viviente de de creencia, claridad y creación consciente. Desde sus inicios en la clase trabajadora y las dificultades personales hasta el éxito multimillonario, Ross ha dedicado su vida a ayudar a los demás a romper las cadenas mentales, reclamar su poder y diseñar conscientemente vidas de abundancia y propósito.

Nacido en Houston, Texas, y criado en Chicago, Ross creció en una familia de clase trabajadora en la que se alababa el trabajo duro pero se sentía lejana la libertad económica. Sus primeros años de vida estuvieron llenos de luchas, reveses y hambre de sentido. Tras sobrevivir a un grave accidente por conducir bajo los efectos del alcohol a los veinte años, Ross fue condenado a un campo de entrenamiento de tipo militar. Ese momento se convirtió en el catalizador de todo lo que vino después. Fue durante ese periodo cuando conoció *Piense y hágase rico* por Napoleon Hill—un libro que desencadenó un despertar que redefiniría toda su vida. Con un cuaderno en blanco y un deseo ardiente, Ross escribió un objetivo: **"Ganaré 1,75 millones de dólares para el 1 de enero de 2017"** No tenía plan ni mentor, sólo fe, concentración y una creencia inquebrantable en las leyes del universo.

"En lo que escribes, te conviertes. Lo que repites, lo atraes. Lo que crees, lo vives"

Al cumplirse el plazo, Ross lo había conseguido. No sólo había ganado 1,75 millones de dólares, sino que se había transformado a sí mismo en el proceso.

Su gran avance financiero se profundizó entre 2008 y 2009, cuando su propia madre enfrentó una ejecución hipotecaria. Sin abogado ni asistencia del gobierno, Ross negoció directamente con el banco para **reducir su préstamo de $305,000 a $120,000 y asegurar una tasa fija del 2%**, salvando así su hogar y garantizando su futuro.

Este momento que le cambió la vida se convirtió en la base de su misión de ayudar a otros a superar las dificultades económicas y acceder a la verdadera libertad mediante la claridad, la acción y la fe.

Ross García es el creador de múltiples y poderosos sistemas de desarrollo personal, entre ellos:

No Puedo No Existe: El sistema de mentalidad de 90 días

Este programa transformacional desmantela el miedo, la duda y las creencias limitantes. Construido con ejercicios diarios, rituales de éxito y técnicas de recableado real, capacita a las personas para que se apropien plenamente de la imagen que tienen de sí mismas, de su propósito y de sus objetivos. Es la herramienta estrella de Ross para el cambio de identidad y la transformación duradera.

Mentalidad en 10 Minutos – Crea Éxito en Solo 10 Minutos al Día

Uno de los sistemas más populares de Ross, 10 Minute Mind-set ofrece avances rápidos y de gran impacto en la mentalidad en menos de 10 minutos al día. Mediante indicaciones guiadas, rutinas de claridad y rituales de repetición, cualquiera -desde empresarios hasta estudiantes- puede cambiar radicalmente su energía, estado de ánimo y resultados en un tiempo récord.

"El cambio no tiene por qué llevar toda una vida. A veces sólo lleva 10 minutos centrados".

Piensa sin límites: Programa de Dominio de la Mentalidad

Un poderoso sistema de transformación de la vida basado en la ley universal y en las enseñanzas de leyendas como

Bob Proctor, Napoleon Hill, y Wallace Wattles. Piensa Sin Límites ayuda a los estudiantes a activar sus facultades superiores -imaginación, voluntad e intuición- mientras aprenden a crear en armonía con la ley divina. También es la piedra angular del plan de estudios de la Universidad García.

Universidad García - Certificación de Entrenador de Vida para Constructores de Legados

Ross fundó la Universidad García para formar a entrenadores con un propósito y a personas que cambian sus vidas y quieren enseñar Piensa sin Límites y construir sus propias marcas transformadoras. La universidad proporciona una vía de certificación completa y un modelo de licencias, ayudando a los graduados a construir negocios de seis y siete cifras basados en el servicio, la verdad y el impacto.

Ross es autor de múltiples libros bestsellers y transformadores, entre ellos:

1. **The Profit Express** – Su historia de pasar de arruinado a millonario a través de la fe, la concentración y el dominio de la mentalidad

2. **No puedo no existe** – El cuaderno de trabajo de crecimiento personal de 90 días para desbloquear la identidad y el potencial

3. **Home Relief Blueprint** – Una poderosa guía para que los propietarios de viviendas reduzcan sus pagos, luchen contra el cierre anticipado y reestructuren sus hipotecas con estrategias legales.

Con la tutoría de Bob Proctor, años de experiencia en las finanzas y la transformación personal, y un compromiso espiritual con la ley universal, Ross García ha construido un movimiento mundial en torno a un principio fundamental:

"No consigues lo que quieres. Consigues lo que eres".

Ya sea a través de libros, coaching, certificación o formación digital, Ross está capacitando a una nueva generación de pensadores, creadores y líderes para que reclamen su destino y se alineen con el éxito divino.

Conecta con Ross Garcia

www.RossGarciaAuthor.com

www.GarciaUniversity.com

Instagram: @RossGarciaOne

PÁGINA DE VENTA

Agrega los siguientes sitios web a la página de ventas:

www.GarciaUniversity.com

www.rossgarciaauthor.com

www.cryptolifeschool.com

Si tienes alguna pregunta, no dudes en escribirme.

Ya disponible en Amazon.

Para más información sobre

los libros disponibles

The Profit Express

I Can't Doesn't Exist

Próximos libros o

Ross Garcia,

Visita

www.RossGarciaAuthor.com

Pronto más libros...